SUPERAPRENDIZAGEM

George Marmelstein

Superaprendizagem
A ciência da alta performance cognitiva

1ª reimpressão

Copyright © 2022 by George Marmelstein

Grafia atualizada segundo o Acordo Ortográfico da Língua Portuguesa de 1990, que entrou em vigor no Brasil em 2009.

Capa
Helena Hennemann | Foresti Design

Gráficos e tabelas
Kalany Ballardin | Foresti Design

Preparação
Julia Passos

Revisão
Jane Pessoa
Ingrid Romão

Dados Internacionais de Catalogação na Publicação (CIP)
(Câmara Brasileira do Livro, SP, Brasil)

Marmelstein, George
  Superaprendizagem : A ciência da alta performance cognitiva /
George Marmelstein. — 1ª ed. — Rio de Janeiro : Objetiva, 2022.

  ISBN 978-85-390-0742-4

  1. Administração do tempo 2. Aprendizagem 3. Hábitos 4. Mente – Corpo 5. Motivação I. Título.

22-133345	CDD-370

Índice para catálogo sistemático:
1. Aprendizagem : Educação   370
Cibele Maria Dias — Bibliotecária — CRB-8/9427

Todos os direitos desta edição reservados à
EDITORA SCHWARCZ S.A.
Praça Floriano, 19, sala 3001 — Cinelândia
20031-050 — Rio de Janeiro — RJ
Telefone: (21) 3993-7510
www.companhiadasletras.com.br
www.blogdacompanhia.com.br
facebook.com/editoraobjetiva
instagram.com/editora_objetiva
twitter.com/edobjetiva

A meus filhos, Vinícius e Diego

Sumário

Introdução: Aperte o botão de "iniciar" 9

0. Configure sua leitura 17
1. Configure sua mente 37
2. Configure sua motivação 51
3. Configure suas escolhas 68
4. Configure seu tempo 85
5. Configure seu descanso 102
6. Configure seus hábitos 130
7. Configure seus treinos 152

Conclusão: Reconfigure-se 173
Notas 177

Introdução
Aperte o botão de "iniciar"

Nunca deixe a escola atrapalhar a sua educação.
Mark Twain

1

Aos 88 anos de idade, no seu leito de morte, Michelangelo sussurrou uma frase que se tornaria imortal: *"Ancora imparo"*, "Eu ainda estou aprendendo".

Mais recentemente, Yuval Noah Harari afirmou que a única maneira de os seres humanos permanecerem no jogo da sobrevivência é continuarem aprendendo ao longo de suas vidas e irem se reinventando.

Este livro incorpora essa mentalidade para explorar a arte e a ciência de aprender de maneira eficiente. Afinal, como fazer isso em um mundo de distrações? Como conseguir motivação se todos os astros conspiram para que procrastinemos? Como organizar o tempo de acordo com nosso relógio biológico? Como aprender mais, mais rápido e melhor?

Comecei a formular essas questões em 1997, quando cursava direito.

Naquele ano, os professores resolveram entrar em greve, interrompendo as atividades por tempo indeterminado. Foram mais de sete meses sem aulas, tarefas ou compromissos acadêmicos.

Para mim, no calor dos meus dezenove anos, era como um sonho de liberdade. Eu podia fazer o que bem queria e ninguém me atrapalhava. Não tinha horários definidos, programas preestabelecidos ou deveres impostos por outras pessoas. Era a plenitude do ócio sem nenhum remorso!

Ao mesmo tempo, eu vivia com a sensação de que estava ficando para trás. Apesar da minha juventude, eu tinha consciência de que aquela situação poderia ser o prenúncio de um desastre. Em um mundo competitivo como o nosso, a total ausência de compromissos acadêmicos pode significar um atraso de vida irreversível. Afinal, enquanto eu não tinha nada para fazer, os alunos de outras universidades estavam assistindo às aulas, fazendo tarefas e se preparando para as provas. Qualquer casa de apostas seria capaz de prever que, nessas condições, a chance de fracassar era alta.

Mas o que ocorreu foi exatamente o contrário. Graças a um pequeno insight despretensioso, acabei transformando minha vida de maneira radical.

Até então, eu era considerado um estudante mediano. Frequentava as aulas, cumpria minhas obrigações sem contratempos e tirava notas razoáveis, mas estava sempre a reboque do plano educacional traçado pela instituição de ensino e pelos professores. Como qualquer jovem de dezenove anos, vivia episódios constantes de crise vocacional, desmotivação e dúvidas em relação ao futuro. O sentimento predominante era de desânimo.

Em algum momento daquele período, deparei-me com uma passagem de *A divina comédia*, de Dante Alighieri, que teve um grande impacto na minha vida. É um episódio que ocorre logo no início do livro, quando Dante e seu guia, Virgílio, avistam a famosa inscrição que dá as "boas-vindas" aos que passam pela Porta do Inferno: "Deixai toda esperança, vós que entrais!".

Apesar do medo, Dante entra naquele ambiente sombrio e logo começa a ouvir gritos, suspiros e prantos terríveis "que ecoavam pela escuridão sem estrelas". Angustiado, pergunta a Virgílio quem eram aquelas pessoas que sofriam tanto e o que teriam feito para merecer tamanho martírio. Virgílio explica que elas haviam perdido a capacidade de pensar e de agir por conta própria, tornando-se irrelevantes para o mundo. Por isso, teriam sido rejeitadas pelo Céu e pelo Inferno.

Dante, ainda incomodado, insiste em saber um pouco mais sobre aquelas pessoas. O castigo parecia desproporcional, já que elas não haviam cometido nenhuma maldade específica e seu único pecado havia sido renunciar à capacidade de autodeterminação.

Para encurtar a conversa, Virgílio se aproxima de Dante e diz, de forma seca: "Te direi em poucas palavras. Estes espíritos não têm esperança de morte nem de salvação. O mundo não se lembrará deles, a misericórdia e a justiça os ignoram. Deixe-os. Só olha, e passa".

Naqueles momentos que haviam antecedido a greve de professores, a sensação que eu tinha era de que a minha vaga no inferno dantesco já estava reservada. E o pior é que eu estava conformado com isso, pois sabia que no fim teria um diploma que, em tese, me garantiria a sobrevivência neste plano terreno. Era uma sensação estranhamente cômoda, pois é fácil se acostumar a uma vida medíocre quando não se tem um propósito mais elevado.

O que me libertou desse destino sombrio foi uma tomada de posição muito simples. Decidi que, em vez de ficar em casa de pernas para o ar, iria aproveitar aquela liberdade de um modo que fosse intelectualmente proveitoso e pautar minhas ações em função disso. Passei a adotar uma filosofia de vida que até hoje me orienta, baseada em três princípios: *siga sua curiosidade, não perca tempo com futilidades e busque realizar atividades que agreguem valor à vida.*

Com esse mantra em mente, às vezes eu ia para a biblioteca estudar os assuntos de que mais gostava ou então procurava seguir um plano de estudo focado nas matérias que eu considerava mais importantes. Outras, ficava em casa lendo um bom livro ou até mesmo assistindo a algum filme interessante. De vez em quando, ia para a faculdade apenas para conversar com meus amigos sobre livros, filmes, política, decisões polêmicas, poesia, música etc. O mais importante era deixar a curiosidade, a empolgação e a vontade de aprender me guiarem.

Livre das amarras da rotina universitária, não perdia tempo assistindo a aulas que me desmotivavam nem lendo textos que não me empolgavam. Além disso, não precisava ocupar minha mente com informações que não me interessavam. Meu tempo, minha energia cerebral e minha força de vontade — três bens valiosos e escassos — eram utilizados conforme minhas preferências, meus desejos e meus interesses.

Aos poucos, passei a construir uma rotina focada no processo de aprimoramento intelectual. Não foi algo que planejei conscientemente, foi o caminho natural de quem se tornou obcecado por querer saber sempre mais.

Aí comecei a me tornar um superaprendiz.

2

Naquele momento, eu ainda estava focado em ser aprovado em concursos públicos, pois estava muito perto de me formar e desejava estabilidade profissional. Assim, direcionei meus esforços para aprimorar o meu sistema de estudo, tentando encontrar uma fórmula que funcionasse para mim.

Virei, então, uma espécie de cobaia dos meus próprios experimentos em busca da máxima eficiência cognitiva. De vez em quando, eu variava os horários de estudo para verificar qual era o período em que minha aprendizagem era mais produtiva, ou alternava o ambiente para ver se havia diferença prática entre ler deitado em uma cama ou sentado em uma escrivaninha. Às vezes, eu estudava ouvindo música e comparava o resultado com quando o fazia em um ambiente completamente silencioso. Outras, avaliava a diferença entre ler em voz alta e leitura dinâmica, para descobrir qual gerava uma assimilação de conteúdo maior em determinado período de tempo. Também quis entender quando o estudo coletivo poderia superar o individual e como tornar a dinâmica de grupo mais eficiente.

Hoje sei que essa variabilidade de métodos é, por si só, um fator positivo para o desenvolvimento cognitivo, porque força o cérebro a se adaptar a cada situação nova e a evoluir mais rápido. Além disso, essa mudança constante nos obriga a prestar mais atenção no processo de aprendizagem e se preocupar menos com os resultados. O foco excessivo nos resultados tende a gerar ansiedade, minar a motivação intrínseca e prejudicar o desenvolvimento. Quando voltamos a atenção para o processo, deixamos de tratar o resultado como o objetivo a ser alcançado e passamos a vê-lo apenas como um meio capaz de gerar aprendizagem. Assim, eventuais "fracassos" passam a ser encarados com muito mais naturalidade, pois se tornam parte do próprio desenvolvimento. Quem está focado no processo sabe que os erros proporcionam boas oportunidades de evolução.

Nessa época, procurei assumir as rédeas de todas as etapas do meu processo de aprendizagem, inclusive da seleção do material. Eu procurava escolher o que estudar de acordo com minha curiosidade intelectual e minha percepção da relevância do tema. Se eu não estivesse empolgado, não tinha nenhum receio de testar outra opção até conseguir me conectar. Graças a isso, eu muitas vezes conseguia entrar em um estado de imersão total que hoje sei o nome:

flow, ou fluxo, uma das principais molas propulsoras do alto desempenho (do qual falarei mais no cap. 5).[1]

No ano posterior à greve e antes de concluir a graduação, encarei o meu primeiro concurso público e, para surpresa geral, fui aprovado em primeiro lugar, mesmo concorrendo com mais de 10 mil candidatos. Esse foi, sem dúvida, o grande ponto de virada em minha vida, pelo menos em termos da conscientização do meu próprio potencial. A partir do momento que assumi o controle do meu processo de aprendizagem, pude me desenvolver com muito mais velocidade, profundidade e qualidade, passando a acreditar que valia a pena continuar investindo no meu aprimoramento cognitivo.

Assim que me formei, fiz vários outros concursos e acabei sendo aprovado em boas colocações em dois bem difíceis: aos 22 anos, fiquei em primeiro lugar para procurador do estado em Alagoas e, aos 23 anos, em 2001, em quarto lugar para juiz federal. Este, inclusive, foi o meu último concurso e definiu a carreira que sigo até hoje.

Embora tenha me tornado juiz federal muito jovem, continuo engajado em vários projetos de aprendizagem. Na verdade, esse tema é uma parte importante de quem eu sou, quase como um hobby ou um estilo de vida.

3

Apesar de ter um método já bem consolidado, o verdadeiro salto de qualidade ocorreu quando me dei conta de que a superaprendizagem não é apenas uma técnica de estudo ou uma "fórmula de aprovação", mas um sistema de desenvolvimento pessoal capaz de revolucionar a vida em várias dimensões. Percebi que a aprendizagem não deve ser tratada como uma fase, mas como uma necessidade contínua que só aumenta com o passar do tempo, pois os desafios vão se tornando mais complexos, e as habilidades necessárias para enfrentá-los, cada vez mais sofisticadas. Para julgar um caso difícil, escrever um livro ou desenvolver uma tese de doutorado, é preciso ter um bom sistema de pesquisa, leitura, anotação e gestão do tempo.

Partindo dessa crença, comecei a levar mais a sério o meu interesse por métodos eficientes e passei a consumir tudo o que encontrava sobre desenvolvimento pessoal e intelectual, buscando compilar o que há de melhor e mais atual no mundo da alta performance cognitiva. No entanto, quando dei início a essa jornada, a minha ideia era usar esse conhecimento apenas para me aprimorar intelectualmente. Com o passar do tempo, fui percebendo que o sistema que eu havia desenvolvido merecia ser divulgado para um público mais amplo e, por isso, iniciei um projeto mais consistente de registro e organização do material.

O livro que você tem em mãos é resultado desse esforço e da própria aplicação dos métodos sugeridos. Aqui pretendo dividir o que aprendi ao aprender a aprender. Algumas ideias são fruto de uma reflexão pessoal adquirida com a experiência, usando diretamente o método de tentativa e erro. Outras, descobri pesquisando na internet, na qual a rede de compartilhamento de ideias voltadas ao aprimoramento intelectual, profissional e pessoal é cada vez maior. Ouvi podcasts, assisti a centenas de palestras e documentários, fiz cursos on-line, li blogs e livros e acompanhei diversos debates em fóruns virtuais que envolviam pessoas de quase todos os lugares do mundo (valeu, Quora!). Mas também dediquei uma atenção especial a conhecer as descobertas da comunidade científica especializada — da psicologia à neurociência — para saber quais são os métodos mais eficazes validados por estudos empíricos.

A verdade é que somos meio atrapalhados quando o assunto é aprendizagem. Alguns métodos que adotamos são ultrapassados ou pouco eficientes, enquanto deixamos de usar, por puro desconhecimento, ferramentas simples que poderiam incrementar de forma substancial o desenvolvimento pessoal.

Este livro é o melhor guia para você aprimorar os seus métodos. Aqui você descobrirá a lógica por trás da ciência da aprendizagem e conhecerá ideias que poderão transformar sua vida de modo radical. Mas não espere uma fórmula mágica. A superaprendizagem não acredita na padronização e na rigidez de método nem vende ilusões ou falsas promessas. Tudo o que pode oferecer são alguns princípios gerais e um cardápio de opções com o que está disponível agora, que poderá ser testado. Nesse ponto, vale a máxima de Cícero: "A melhor pessoa para oferecer conselhos sábios para melhorar a sua vida é você mesmo".

Assim, o propósito deste livro é oferecer várias dicas de aprendizagem, explicando os princípios que as fundamentam. Desse modo, você entenderá a lógica por trás dos métodos mais eficientes e será capaz de ir além da mera reprodução das práticas aqui sugeridas.

> **Brain Hack**
>
> Neste livro, você encontrará boxes com estratégias para colocar em prática alguns dos princípios descritos ao longo do livro. Podem ser aplicativos, técnicas de enfrentamento do problema ou algum truque mental para aumentar o desempenho no processo de aprendizagem. Por exemplo, uma dica que eu poderia fornecer desde já é que você leia este livro com a seguinte pergunta em mente: *Como utilizar os conhecimentos aqui encontrados para melhorar a minha vida?*
>
> Quando lemos com o intuito de aplicar o conhecimento em um contexto prático, a aprendizagem se torna mais efetiva. Por isso, tente imaginar como você pode usar a informação recebida, associando-a a outros conhecimentos que você já tem e buscando exemplos que possam dar mais sentido à informação.
>
> E, se quiser ir além, sugiro que leia este livro realizando *diálogos mentais* constantes. Seja aberto e transparente. Não tenha vergonha de conversar consigo mesmo sobre o conteúdo lido, inclusive usando expedientes de conexão emocional para aumentar a retenção da informação (gestos, caretas e palavras ditas em voz alta, por exemplo). Dê vida ao texto e se engaje na leitura como se estivesse participando de uma conversa mental animada com você mesmo ou com um amigo imaginário, sempre tentando explicar com suas próprias palavras o conteúdo assimilado.
>
> Essa estratégia é chamada de autoconversação ou *self-talk* e pode funcionar como uma ferramenta importante para impulsionar a motivação, facilitar a compreensão do conteúdo e aumentar o processo de consolidação da memória.
>
> Alguns programadores usam até *mascotes* para incrementar esse processo, técnica conhecida como *debug com pato de borracha*. Nela, o programador explica cada linha do código para um brinquedo (como um pato de borracha, por exemplo), esforçando-se para enxergar os pontos cegos, analisar o problema de outra perspectiva e identificar as falhas.[2]

Se o meu objetivo for alcançado, você terminará a leitura transformado ou pelo menos preparado para iniciar um processo de transformação profunda. Mas devo alertar que o conhecimento apresentado aqui foi aprimorado ao longo de vários anos e segundo minha personalidade, meu estilo de vida e meus objetivos pessoais. O ideal é que você desenvolva um sistema próprio de acordo com as suas circunstâncias, sem focar demais em imitar um modelo alheio. Cada ser humano é singular e deve buscar a felicidade a seu modo.

Por isso, este livro não deve ser tratado como um mapa fixo, mas como um guia de sobrevivência para um mundo acelerado que não para de mudar. As ideias aqui contidas são os conselhos que costumo dar a meus filhos sobre como se preparar para enfrentar as incertezas do futuro e que eu mesmo procuro adotar em meus projetos de aprendizagem. Se você também quiser conhecer essas sugestões e dar um salto de qualidade em sua vida acadêmica, pessoal e intelectual, é só virar a página e apertar o botão *iniciar*.

0. Configure sua leitura

Muitas pessoas iniciaram uma nova era na sua vida a partir da leitura de um livro.
Henry David Thoreau

Você já deve ter visto alguma versão das "pirâmides de aprendizagem" que circulam nas redes sociais, como a atribuída a William Glasser:

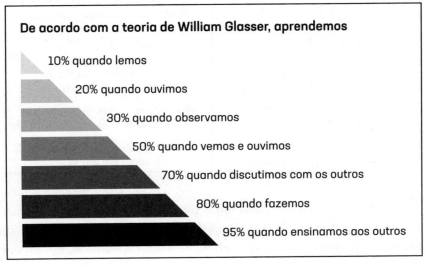

FONTE: Equipe Aspectum.

Apesar de algumas variações nessas pirâmides, todas apresentam uma taxa de retenção baixa para métodos passivos de aprendizagem, enquanto métodos ativos têm taxas maiores.

Não pretendo questionar a validade científica dessas propostas, mas é notório que se equivocam num ponto fundamental: a aprendizagem é um processo que depende tanto de inputs (ou seja, da entrada da informação, muitas vezes realizada de forma passiva) quanto de outputs (o uso ou o processamento da informação, realizados necessariamente de forma ativa). Não há como processar ativamente a informação (dar aula, por exemplo) sem antes recebê-la por algum método de input (como a leitura).

Portanto, é muito melhor tratar a aprendizagem como um processo dinâmico, em que inputs e outputs são componentes essenciais.

INPUT Entrada da informação	OUTPUT Uso da informação
Ler	Dar aula
Assistir a aulas e palestras	Anotar e resumir textos (artigos, posts ou livros)
Ouvir podcasts	Elaborar mapas mentais, *sketchnotes* ou organogramas
Ouvir audiolivros	Produzir audionotas
Assistir a documentários e filmes instigantes	Escrever textos, posts ou ensaios sobre o assunto
Assistir a vídeos com conteúdo intelectual	Resolver questões ou solucionar problemas sobre o tema
Receber conteúdo de qualidade nas redes sociais	Debater ou conversar sobre o tema em grupo

Nesse modelo, a leitura ganha um lugar de destaque, e pode ser um dos métodos de input mais efetivos, sobretudo quando incorporamos algumas técnicas para processar de maneira eficiente a informação lida. Por exemplo, muitas vezes, quando lemos uma história envolvente, conseguimos visualizar os personagens, as ações e os cenários construindo um contexto imaginário que dê sentido à narrativa. Quando isso ocorre, a mente está processando a informação textual com as mesmas ferramentas cognitivas do processamento da informação visual, que é uma das áreas mais poderosas do cérebro humano. Assim, o impacto da leitura acaba sendo bem maior.

Além disso, o cérebro de uma pessoa que tem o hábito de ler já construiu tantas conexões neurais que a sua capacidade de compreensão é muito maior do que a de quem não tem esse hábito. Para quem tem uma mente treinada para compreender com profundidade o significado de textos, a leitura é um método valioso. Eu ousaria afirmar que a leitura de alto impacto é o modo mais eficiente de aquisição do conhecimento.

Mas, afinal, como podemos extrair o máximo de aprendizagem dos textos? Como substituir uma leitura ineficiente pela de alto impacto? Aqui será apresentado um modelo de *leitura em camadas* ou *em níveis*, inspirado no de Mortimer Adler e Charles van Doren, mas buscando ir além. A ideia é desenvolver modos de leitura que se tornam mais complexos de acordo com a profundidade do conteúdo.

Embora seja possível afirmar que as camadas mais profundas são as mais efetivas para fins de aprendizagem, não há, a rigor, hierarquia entre elas, pois são apenas modos diferentes de obter conhecimento por meio de textos, cada qual com uma função específica e com um nível de dificuldade particular. O intuito é mostrar que há várias formas de ler um texto, e a decisão sobre qual utilizar depende daquilo que você pretende com a leitura.

Nesse sentido, é possível comparar a leitura com a prática da corrida. Você pode correr tanto buscando lazer (corrida como hobby) quanto para participar de competições (corrida de alta performance). Não há nenhum problema em praticar o primeiro. Porém, se o seu objetivo é melhorar o desempenho, é preciso adotar técnicas específicas, que irão exigir planejamento, método, foco, esforço, feedback e evolução gradual.

Com a leitura ocorre algo semelhante. É possível adotá-la como hobby, e é extremamente recomendável fazê-lo. Mas se o seu objetivo é alcançar o máximo desempenho no processo de aprendizagem, será preciso mudar o método de leitura. Sentar em uma poltrona e começar a ler um livro de maneira despreocupada é muito prazeroso, gratificante e saudável, mas o impacto cognitivo é baixo. Seguindo a metáfora da corrida, a leitura relaxada é o equivalente a uma caminhada pela praia.

Para uma leitura de alto impacto, a primeira preocupação é saber selecionar bem o material. Textos ruins geram desperdício de tempo, desmotivação e ilusão de fluência. É psicologicamente satisfatório ler um texto "fácil", entendê-lo e sair com a sensação de que algo foi aprendido. Mas isso é enganador. A informação rapidamente se dissolverá no ar.

Isso não significa que devemos procurar ler apenas textos "difíceis". O valor do texto não está relacionado com a sua facilidade ou dificuldade, mas com a sua qualidade. E o mais importante: o texto precisa gerar um sentimento de conexão no leitor. A leitura de alto impacto depende disso.

Por ser um sentimento bastante pessoal, a melhor forma de descobrir se o texto a ser lido será capaz de gerar uma conexão profunda é testando. Se após algumas páginas o texto não o cativou, é melhor partir para outra opção. Há um mundo a ser descoberto, e não vale a pena perder tempo com algo que não está acendendo a sua curiosidade intelectual.

Brain Hack

Meu critério de seleção de livros costuma ser um pouco caótico. De qualquer modo, posso enumerar alguns fatores que são relevantes:

1) *Sugestão de pessoas que me influenciam*, sobretudo na minha área de interesse: podem ser amigos, autores de outros livros ou algum influenciador;

2) *Google Scholar*: para textos de não ficção, sobretudo acadêmicos, a ferramenta pode ser um bom ponto de partida, pois as obras são ranqueadas de acordo com seu impacto na comunidade acadêmica, priorizando as mais relevantes;

3) *Quantidade e qualidade de avaliações no GoodReader*: em geral, quando estou na dúvida entre dois livros sobre o mesmo assunto, uso isso como critério de escolha. Evito as avaliações dos próprios sites de venda, pois pode haver manipulação do resultado, e os comentários muitas vezes refletem a experiência da compra, e não a qualidade do livro em si;

4) *Degustação*: quase sempre faço um *skimming* do livro (ver a seguir) ou uma leitura superficial do primeiro capítulo antes de iniciar a leitura propriamente dita.

Com um bom livro ou artigo em mãos, já podemos compreender cada uma das camadas de leitura, começando com a mais superficial: o *skimming*, ou leitura de reconhecimento.

CAMADA 0: *SKIMMING*

A leitura mais superficial é passar os olhos pelo texto. Essa técnica é conhecida como *skimming*, que nada mais é do que o ato de escanear o texto com os olhos. É útil para ter uma noção panorâmica do conteúdo, da estrutura e da extensão, mas tem pouco impacto na aprendizagem.

Sempre utilizo o *skimming* como pré-leitura. Antes de começar a ler um livro, analiso o sumário, os tópicos centrais, a bibliografia, a orelha etc., planejando assim a leitura a partir daí. O *skimming* costuma ser uma tarefa bem rápida. Em menos de cinco minutos, conseguimos folhear quase todos os aspectos mais relevantes para um reconhecimento preliminar. Também é um bom mecanismo de seleção de material de leitura, pois, em muitos casos, é possível avaliar a qualidade de um livro apenas ao analisar as suas partes estruturais, sobretudo quando já temos certo domínio do tema.

Um bom *skimming* não é completamente aleatório. Com a prática, saberemos o que procurar em cada parte do livro. Por exemplo, na capa e na contracapa, você identificará não apenas o tema (título e subtítulo), mas também as credenciais do autor e os problemas que ele pretende tratar. Se houver resumo, você poderá encontrar uma síntese das ideias e da conclusão do trabalho. No sumário, você descobrirá a linha de raciocínio do autor, a forma como ele organiza as ideias, a estrutura do texto, os tópicos abordados e os pontos de interesse e de destaque. Na bibliografia (ou referências bibliográficas) está o referencial teórico, a profundidade da pesquisa, novas possibilidades de leitura, e assim por diante.

Antes de começar um texto novo, também é recomendável entender mais sobre as ideias do autor. Eu costumo ler comentários de outros leitores e resenhas feitas por influenciadores digitais que admiro e até assistir a palestras, TED Talks, Talk at Google ou podcasts em que o autor comenta o livro. É uma forma poderosa de instigar a curiosidade intelectual e iniciar a leitura em condições de dialogar.

CAMADA 1: LEITURA PASSIVA TRADICIONAL

A próxima camada é a leitura tradicional, em que tentamos entender ou decodificar as ideias contidas no texto de modo passivo.

Essa é uma leitura relaxada, cotidiana, que usamos com mais frequência e de modo quase automático. Por exemplo, quando estamos lendo uma notícia de jornal, um post nas redes sociais ou uma mensagem no WhatsApp, em geral, estamos em modo de leitura superficial. Como essa é a única forma que costuma ser ensinada nas escolas, acabamos incorporando a ideia de que toda leitura é a mesma coisa, o que é um erro, pois quando usada para fins de aprendizagem ela precisa ser mais intensa.

Apesar de superficial, a leitura passiva não é inútil. Na verdade, é uma excelente forma de diversão e relaxamento. Em geral, é o modo que utilizo quando estou lendo um romance despretensioso, uma revista de entretenimento ou textões na internet. Também é o tipo que funciona bem antes de dormir (de preferência, com um Kindle ou outros dispositivos de leitura que não produzem luz intensa), nos períodos de descanso ou como lazer.

Brain Hack

Uma curiosidade: a leitura passiva em movimento pode ser mais efetiva do que a parada. Há vários leitores de alta performance que a praticam enquanto se exercitam na esteira, no elíptico ou na bicicleta ergométrica. Alguns estudos científicos indicam que o cérebro pode ter um desempenho cognitivo melhor durante a realização de exercícios aeróbicos. Então, talvez faça sentido ler se movimentando.

Escutar um audiobook ou um podcast durante a realização de exercícios aeróbicos menos intensos também pode ser uma opção. É um input mais superficial e menos efetivo do que a leitura, mas não é de todo inútil.

Para quem ainda não tem o hábito de ler, a leitura mais relaxada pode funcionar como método "de entrada" ao mundo dos livros, pois é simples de executar e, com a prática, passa a demandar cada vez menos esforço cognitivo. O ideal é iniciar um hábito consistente, regular e progressivo, começando com compromissos diários mais modestos que aumentam gradualmente à medida que o hábito for se consolidando.

Apesar de ser útil para o lazer, a leitura passiva pode ser perigosa em alguns contextos de aprendizagem, pois cria a ilusão de fluência. Como vimos, a aprendizagem é um processo de input (aquisição do conhecimento) e output (domínio do conhecimento). A leitura passiva só permite o input. Logo, o ciclo não está completo.

O principal erro do leitor iniciante é achar que a aquisição do conhecimento é o objetivo central da leitura. Com a revolução tecnológica, a habilidade humana de armazenar a maior quantidade possível de informação no cérebro tem perdido cada vez mais relevância. Não precisamos saber de tudo quando temos acesso quase imediato ao Google ou outra ferramenta de busca. Hoje, o que importa é a capacidade de filtrar de forma adequada a enxurrada de dados que nos são enviados a toda hora, avaliar de modo crítico as informações recebidas, resolver problemas complexos, associar ideias de áreas diferentes e criar conteúdo novo a partir daí.

Por isso, devemos nos preocupar menos com o acúmulo de informações e mais com o domínio das habilidades necessárias para processar esse conhecimento.

Brain Hack

Vale a pena fazer leitura acelerada ou dinâmica?

A ideia pode ser sedutora, mas não é capaz de proporcionar as condições para que o cérebro processe as informações de forma adequada e ainda prejudica a principal vantagem da leitura eficiente, que é a auto-conversação. Geralmente, as técnicas de leitura acelerada tentam suprimir a subvocalização, ou seja, os sussurros mentais que fazemos durante a leitura. Ela, sem dúvida, reduz o ritmo, mas também é responsável por proporcionar a conexão com o texto e a compreensão profunda das ideias.

Ler é um exercício de reflexão. Maturar o conhecimento demanda tempo. A leitura dinâmica distorce esse propósito, priorizando o input em detrimento do output.

E se você ainda tem dúvida, basta consultar o artigo científico "So Much to Read, so Little Time: How Do We Read, and Can Speed Reading

> Help?", [Tanto para ler, tão pouco tempo: como lemos, e a leitura dinâmica ajuda?] que demonstra que toda técnica de leitura dinâmica implica uma troca entre velocidade e entendimento. O que torna a leitura mais efetiva não é a rapidez, mas a habilidade linguística aprimorada com a prática.[1]

Seja como for, por ter um impacto cognitivo muito baixo, a leitura passiva tradicional só deve ser usada no processo de aprendizagem como uma fonte precária de coleta de informação a ser complementada com outras formas ativas de aprendizagem, que serão apresentadas mais à frente.

CAMADA 2: LEITURA ANOTADA

A próxima camada é a leitura anotada, em que sublinhamos os trechos mais relevantes e escrevemos nas margens da folha as ideias centrais do texto.

O ato de fazer anotações na margem das páginas de livros físicos é chamado de marginália e tem sido utilizado por leitores de alta performance há séculos.

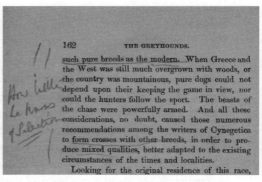

Duas marginálias famosas: anotações de Isaac Newton (à esq.) e de Charles Darwin (à dir.).

FONTE: (à esq.) Isaac Newton. *Opticks: or a treatise of the reflexions, refractions, inflexions and colours of light*. London: Sam Smith & Benj. Walford, 1704; (à dir.) Sir William Jardine. *The Naturalist's Library. Mammalia*. Vol. X. Edinburgh: W.H.Lizars & St. James'Square, 1840.

Há algumas dicas práticas que ajudam a tornar essa técnica mais efetiva. O ideal é sublinhar apenas o que é de fato relevante, circulando as palavras--chave e anotando a ideia central ao lado de cada parágrafo. Muitas vezes, ficamos tentados a grifar o máximo possível, até como forma de "empurrar" os olhos, já que a caneta ajuda a fixar a atenção no texto. O problema é que, ao fazer isso, estamos transformando a leitura anotada em passiva. Por isso, o melhor é fazer um esforço cognitivo para tentar captar as ideias centrais do texto e anotar apenas isso, de preferência depois de concluir a leitura da frase. Esse filtro mental para distinguir as passagens mais relevantes já é uma forma precária de cognição ativa.

Se quiser dar um passo a mais, separe uma das margens para sintetizar a ideia central do texto e a outra para anotar as suas próprias ideias. Assim, você saberá distinguir as duas coisas.

A anotação tem duas funções básicas, e por isso é recomendável desenvolver um método de organização. Primeiro, você fixará com mais intensidade as informações assimiladas; segundo, você terá uma base de dados para consulta futura, seja para revisar o material lido, seja para encontrar a fonte da informação que você, eventualmente, precisará recuperar.

Brain Hack

É melhor anotar à mão ou diretamente no computador?

A resposta depende do esforço cognitivo de cada ação. Quando anotamos no computador, a tendência é apenas transcrever as palavras do texto, decodificando as informações o mínimo possível. Por outro lado, quando temos que escrever à mão, o processo é mais lento, permitindo que o cérebro se esforce mais para processar o que foi lido.

Costumo anotar à mão de um modo mais caótico para depois transcrever e organizar as notas no computador.

Não há uma técnica universal de anotação. A opção depende muito do tempo disponível, do estilo pessoal e da importância do livro para o seu projeto de aprendizagem. Um princípio básico é o seguinte: quanto mais importante for a obra, mais detalhado deve ser o sistema de anotação. Assim, nada impede que você misture alguns métodos, mesclando informações textuais, visuais e auditivas, seja durante a leitura ou depois.

Eu costumo utilizar um método dividido em três fases. Na primeira, procuro fazer anotações no próprio material durante a leitura (marginália). É um processo simples em que costumo apontar setas para um parágrafo importante, colchetes num trecho relevante e círculos nas palavras-chave. Na margem, anoto um comentário ou um símbolo (ver abaixo), em geral com um comentário meu na margem oposta.

Os símbolos que uso são dinâmicos e variam conforme a necessidade. Apenas para ilustrar, eis alguns exemplos que costumo usar mais:

Símbolo	Significado
⊙	**Ideia central:** usar para destacar a passagem que representa a ideia central da obra ou do capítulo.
⟶ ✦ ✦ ✦	**Trecho relevante:** usar para destacar o trecho relevante. É interessante usar um pequeno colchete no trecho indicado. As estrelas podem ser usadas para medir o nível de importância daquela passagem. Se quiser simplificar, basta colocar uma seta mais simples (→) e sinais de adição no lugar das estrelas (+++).
"	**Citação impactante:** usar para destacar uma passagem que vale a pena ser citada futuramente.
℗ ou 👁 ou P	**Pesquisar:** usar em passagens que merecem uma pesquisa futura. Pode ser um site, um livro, um artigo, um autor ou uma teoria nova que gerou curiosidade intelectual.
?	**Dúvida:** usar em passagens que você não entendeu completamente ou que geraram algum tipo de dúvida.
✓ ou ✗	**Concordo ou discordo:** usar para manifestar aprovação ou desaprovação com algum argumento.
! ou **Uau!**	**Informação impressionante:** usar para passagens que causam impacto e geram conexão emocional.
☺ ou 🙂	**Informação engraçada:** usar para passagens espirituosas.

Ao contrário do que pode parecer, não há tanta sofisticação nesse processo, pois minha leitura costuma ser bem passional, e muitas vezes as emoções são transferidas para as notas e para os símbolos.

Meu ponto de partida é que a aprendizagem só ocorre quando há conexão emocional. A meu ver, não vale a pena se esforçar para ler um livro quando não há interesse, motivação ou compreensão de que aquela informação faz parte de uma rede de conhecimento que pode ser valiosa para as nossas vidas. Por isso, sempre procuro estreitar o vínculo afetivo com o texto por meio de uma leitura exageradamente engajada, sem nenhum receio de parecer ridículo.

Assim, a minha preocupação não é gerar um efeito estético agradável, mas transferir para o livro as minhas impressões e facilitar o registro das notas na próxima fase do processo.

Para ter uma ideia, eis um exemplo de um trecho de um livro anotado a partir desse método:

> A média do QI dos cientistas é certamente maior do que média do QI da população em geral, mas entre os cientistas não há correlação entre QI e produtividade científica[44]. Na verdade, o número de cientistas ganhadores dos Prêmios Nobel tem tido QIs que nem mesmo os qualificariam para a Mensa, uma organização cujos membros devem ter uma medida de QI de pelo menos 132, um número que os coloca entre os 2% superiores da população. Richard Feynman, um dos mais brilhantes físicos do século XX, tinha um QI de 126; James Watson, o codescobridor da estrutura do DNA, tinha um QI de 124; e William Shockley, que recebeu o Prêmio Nobel de Física por seu papel na invenção do transistor, tinha um QI de 125[45]. Embora as habilidades medidas pelos testes de QI claramente ajudem o desempenho nas salas de aula de ciências, e os alunos com QIs mais altos geralmente tenham um desempenho melhor nas aulas de ciência do que aqueles com QIs mais baixos – isso é, de novo, consistente com os esforços de Binet para medir o aprendizado escolar –, entre aqueles que se tornaram cientistas profissionais, um QI mais alto não parece oferecer qualquer vantagem.

TER UM QI RAZOÁVEL É NECESSÁRIO, MAS Ñ SUFICIENTE.

> **Brain Hack**
>
> A escritora Maria Popova, uma das leitoras mais influentes do mundo, adota uma técnica de anotação semelhante, mas com um componente extra: a indexação dos símbolos para facilitar a consulta futura. Os símbolos que ela utiliza são siglas (por exemplo, FI [frase de impacto], LB [linguagem bonita], e assim por diante). Antes de iniciar a leitura, na contracapa do livro, ela lista todos os símbolos e, durante a leitura, anota o número de página correspondente. Por exemplo, se nas páginas 7, 10 e 14 ela destacou uma frase de impacto, então na contracapa estará: "FI 7, 10, 14...".
>
> Uma alternativa um pouco mais trabalhosa, porém mais visual, é usar adesivos coloridos para marcar as páginas anotadas, em que cada cor representa um símbolo.

Portanto, a primeira fase consiste em adotar alguma técnica de anotação no próprio material de leitura.

Em uma segunda fase, tento organizar as notas em um sistema mais sofisticado, sobretudo quando se trata de uma leitura em que vale a pena investir tempo. Não uso fichamentos, flashcards ou o método Cornell, que são os mais populares. Esses métodos são essencialmente textuais, em que as passagens mais relevantes são transcritas para uma folha de papel, servindo de fonte de consulta futura, com opção de inclusão de palavras-chave para facilitar a busca. Há vários tutoriais no YouTube que ensinam a usá-los. Prefiro métodos mais visuais e baseados em associações ou categorizações de ideias, como a elaboração de mapas mentais, *sketchnotes* ou organogramas.

O objetivo é tentar estruturar as principais ideias do texto em tópicos e subtópicos, como se fosse uma árvore deitada. Não se trata apenas de sumarizar, pois é preciso detalhar cada linha de raciocínio com palavras-chave, que ajudam a visualizar a conexão entre as ideias e possibilitam a compreensão holística do texto.

> **Brain Hack**
>
> Esse processo de registro das anotações é sempre dinâmico e pode variar conforme a importância do texto. Geralmente, desenho o mapa mental à mão, com a ideia principal no centro, em uma folha em branco. Às vezes, quando desejo organizar melhor, uso um aplicativo chamado XMind.
>
> Depois, coloco a imagem no Evernote em um caderno específico, usando *tags* para facilitar a procura no futuro. A organização dessas notas é importante para não perder a informação, sobretudo se houver o intuito de usá-la depois. O Evernote possibilita que você categorize os documentos em quatro níveis de hierarquia: pilhas de cadernos, cadernos, notas e etiquetas. Há vários vídeos no YouTube que demonstram como esses mecanismos de sistematização e hierarquização de documentos funcionam. Saber usá-los de maneira adequada facilita muito, embora não seja essencial.
>
> Também costumo tirar fotos das passagens mais relevantes do texto e anexar no Evernote, indicando a página, palavras-chave e *tags*, que facilitam a localização.
>
> Para as notas mais importantes, costumo inserir mecanismos de lembrete ou de alerta. A ideia é indicar uma data futura para que o sistema envie uma mensagem sobre aquela nota para fins de revisão do conteúdo ou uso em algum projeto.
>
> Há outros aplicativos alternativos:
>
> 1) Notion: considerado o melhor aplicativo de anotação, por ser mais fácil de usar e ter diversas funcionalidades gratuitas. Há vários tutoriais no YouTube que ensinam a usá-lo;
>
> 2) Roam Research: é um sistema de anotação poderoso para computador. A grande vantagem é a criação de links para conectar ideias e textos relacionados;
>
> 3) OneNote: é o sistema de anotação da Microsoft com funções semelhantes ao Evernote;
>
> 4) RemNote: é um eficiente sistema de anotação para computador, com vários recursos semelhantes ao Notion e ao Roam Research, com a vantagem de ter um sistema de revisão programada com o método de *spaced repetition* [repetição espaçada], no qual o aprendiz é solicitado a lembrar um fato com intervalos de tempo que aumentam a cada teste, permitindo uma maior taxa de retenção na memória;

5) Trello: embora não seja um sistema específico para anotação, pode ser usado para organizar ideias de livros mais complexos, funcionando como um grande mural de notas;

6) XMind: também não é um programa específico para notas, mas sim para mapas mentais. Porém, na anotação de artigos ou capítulos de livro, pode ser útil estruturar as ideias como um organograma ou um mapa mental.

O maior valor do ato de fazer anotações em um texto está na própria compreensão da leitura e na adoção de mecanismos que proporcionam o processamento da informação. A elaboração criativa das notas e de mapas mentais pode, nesse contexto, consolidar a memória e atuar como output do processo de aprendizagem. A consulta futura é apenas um ganho adicional.

Na terceira e última fase, procuro gravar um áudio ou um vídeo em que use minhas próprias palavras para expor os pontos essenciais do texto. Durante a gravação, sempre indico em qual página as ideias podem ser encontradas, pois isso facilita uma citação futura. É o que chamo de audionota.

Brain Hack

Eu costumo gravar uma audionota logo após a elaboração do mapa mental de um capítulo lido, tentando explicar com minhas palavras e de modo simples o que entendi do texto. É uma adaptação da técnica Feynman.

Com alguma frequência, gravo os arquivos de voz usando o próprio Evernote, o que possibilita também escrever algumas observações textuais na nota de áudio e incluir *tags*.

O Evernote também tem um sistema de degravação automático eficiente, que transforma em texto tudo o que você fala. Isso pode ser útil para quem precisa das anotações por escrito.

Essa técnica de leitura anotada já pode ser considerada um método razoavelmente eficiente de aprendizagem, pois inclui vários elementos de output. Para que atinja o seu nível máximo de eficiência, o ideal é tentar se conectar com o texto de maneira intensa, seja no nível intelectual ou emocional. Quanto mais interações melhor, inclusive em termos sensoriais. Gestos, caretas, risadas também podem fazer parte de uma leitura de alto impacto. Quando estamos engajados no texto e somos capazes de interagir com as ideias que estão sendo recebidas, a leitura se torna ainda mais marcante.

Se formos capazes de construir imagens ou representações mentais, traçar pontos de concordância e discordância, associar as ideias do texto com outras do nosso acervo mental, desenvolver exemplos e analogias, produzir mapas mentais, realizar anotações eficientes, reformular argumentos com nossas próprias palavras etc., então atingiremos um nível quase perfeito de leitura.

E, se quiser dar um passo além, é só passar para a próxima camada.

CAMADA 3: LEITURA *JUST-IN-TIME*

Até agora, falamos de leituras que podem ser consideradas *just-in-case*, ou seja, com o objetivo genérico de obter o conhecimento contido no texto sem saber exatamente o que irá encontrar.

Ela costuma ser a forma de leitura da aprendizagem tradicional, pois é baseada na premissa de que vale a pena acumular o máximo de conhecimento e usar essas informações caso seja necessário. Ou seja, sua função é aumentar o estoque de conhecimento, mesmo que as informações nunca sejam usadas.

Esse modelo tem a inegável vantagem de aumentar o nosso acervo cultural. Porém, gera maior desperdício de tempo e de recursos, além de ser desmotivante, pois muito daquilo que lemos nunca será utilizado e provavelmente será esquecido. São produtos que ocupam espaço nas nossas prateleiras mentais, sem a certeza de que serão aproveitados. A tendência é que passem do prazo de validade ou se tornem obsoletos.

Por sua vez, a leitura *just-in-time* é feita sob demanda, direcionada para um propósito predefinido. O conhecimento recebido será utilizado em um contexto prático. Nesse modo de leitura, o objetivo não é acumular conhecimento a esmo, mas descobrir ideias que serão usadas em projetos e problemas previamente definidos.

Por exemplo, imagine que tenhamos que elaborar uma aula sobre liberdade de expressão. Nesse caso, iremos selecionar livros, artigos, palestras, decisões, filmes, documentários, podcasts etc. que tratem do tema, consumindo assim o material com a mente hiperfocada, na intenção de extrair as informações relevantes e organizá-las em um esquema que possa ser utilizado na aula. Faremos anotações, mapas mentais, analogias, metáforas, exemplos, e assim por diante, sempre pensando na melhor forma de apresentar isso para outras pessoas. O sistema de leitura será todo orientado para aquele propósito, tornando o processamento da informação muito mais eficiente.

Mesmo que você não tenha um objetivo perfeitamente delimitado em mente, basta ler com o espírito de um explorador que procura pistas para completar um quebra-cabeça. Por exemplo, quando for ler um livro, tente identificar as cinco ideias principais para incluí-las em um post ou um vídeo. Você pode ir além e estabelecer outros desafios, como encontrar cinco frases impactantes, cinco ideias promissoras, cinco pontos com que você concorda ou de que discorda e assim por diante. Quanto mais "tesouros" você procurar, mais rica será a leitura.

CAMADA 4: LEITURA MULTISSENSORIAL LINEAR

Indo ainda mais a fundo, existe um modo de leitura que podemos chamar de leitura multissensorial linear. O pressuposto dela é que, quanto maior o número de estímulos, mais eficiente será o processamento da informação. A ideia é aproveitar a tecnologia para somar o conteúdo sonoro do audiobook à leitura em texto (em formato físico ou digital).

Com o livro na mão e o audiobook no ouvido, acessamos os dois em conjunto, em geral em uma velocidade um pouco mais rápida do que o normal, para forçar a mente a se concentrar de modo mais intenso.

> **Brain Hack**
>
> O ato de acelerar a velocidade do audiobook não visa garantir uma leitura mais rápida, mas gerar mais foco. Quando temos que nos esforçar um pouco mais para acompanhar o ritmo do áudio, tendemos a aumentar o nosso esforço cognitivo, ajudando a manter a concentração e, assim, a taxa de retenção de informação. Apesar disso, a leitura multissensorial linear não pretende ser mais rápida, pois, como veremos, exigirá pausas frequentes para o processamento ativo da informação.

Uma desvantagem desse modo de leitura é que ele depende de duas mídias. O processo, portanto, pode se tornar um pouco mais caro e, em alguns casos, inviável, já que nem todos os livros foram transformados em audiobooks. De qualquer modo, é um dos métodos mais eficientes que conheço.

No entanto, há um aspecto crucial que, se não for observado, destrói o principal sentido da leitura. É importante pausar o áudio em intervalos regulares para o processamento ativo das ideias. Em geral, após cinco minutos de escuta/leitura aceleradas, eu pauso o áudio, aciono o sistema de anotações e tento reescrever o que entendi com minhas próprias palavras, muitas vezes acrescentando comentários pessoais. Em alguns casos, opto pela gravação de audionotas ou elaboração de mapas mentais, a depender da importância do livro, seguindo o princípio de que, quanto mais importante, mais detalhado deve ser o sistema de anotação.

Por isso, embora a leitura multissensorial seja mais acelerada em termos de velocidade, o processamento da informação é mais lento, pois exige paradas constantes para anotar as ideias centrais.

Caso você tente usar esse método sem pausas para o processamento ativo da informação, a qualidade da aprendizagem será reduzida. Afinal, o cérebro precisa de tempo para alocar as informações nos compartimentos adequados e para interagir com as ideias do texto. Nunca perca de vista que o propósito não é a aquisição fortuita de informações, mas o domínio do conhecimento.

CAMADA 5: LEITURA NÃO LINEAR

A leitura não linear segue as premissas dos métodos já descritos, mas com um diferencial. Na leitura linear, apenas o livro é usado como fonte imediata de conhecimento. Começamos a ler e, após alguns dias, terminamos o livro. Uma vez concluído o livro, damos por encerrada a tarefa depois de organizar as anotações e gravar um vídeo ou um áudio resumindo as ideias centrais assimiladas.

A leitura não linear é um pouco diferente, pois implica uma constante mudança de rumo para aprofundar em outras fontes os pontos mais relevantes do texto. Nesse método, o livro funciona muito mais como um tronco que pode se ramificar na medida de nossa curiosidade intelectual. Assim, se o texto cita um estudo interessante que merece ser aprofundado, pausamos a leitura e iniciamos um processo de busca intelectual. Consultamos o artigo original, tentamos assistir a alguma palestra ou entrevista do autor daquela ideia citada no livro, procuramos a informação em outras fontes, e assim por diante.

É comum nesse processo deixar a leitura de lado por um ou dois dias para formular algum conteúdo com base naquela informação que acabou de ser obtida. Para ficar mais claro, eis um exemplo prático. Imagine que você esteja lendo este texto em modo não linear e achou interessante a ideia da leitura *just-in-time* versus *just-in-case*. Em vez de anotar uma observação na margem do texto, você logo buscará conhecer mais a fundo a proposta. Você provavelmente começará com uma leitura mais básica, talvez até a Wikipédia, e lá encontrará conceitos derivados dos sistemas de produção empresarial. Verá que o modelo *just-in-case* se refere a um modo de produção empresarial em que o estoque de produtos é sempre mantido em um nível elevado para garantir que todos os pedidos sejam atendidos ao serem realizados. Já o modelo *just-in-time* é bastante diferente, pois os produtos só são produzidos na medida da necessidade. Ou seja, há uma quantidade menor de produtos no estoque, pois a produção é orientada por demandas específicas. Quando há um pedido, o produto é fabricado, transportado e entregue.

Depois, você pode procurar alguns vídeos no YouTube que associam essas ideias à aprendizagem. Se já estiver em um nível mais avançado, descobrirá que a utilização desses conceitos no processo de leitura ocorreu pela primeira vez em 2005, em um post despretensioso escrito pela programadora Kathy Sierra em seu blog Passionate.

Ela comenta que é muito mais motivante e eficiente ler um texto com um propósito específico (*just-in-time*) do que para acumular conhecimento inútil (*just-in-case*). Por isso, sugere que sempre se tenha objetivos convincentes e relevantes para motivar a aprendizagem, tentando fazer a *just-in-case* parecer cada vez mais com a *just-in-time*. Ao chegar nesse ponto, você pode escrever algo a respeito, gravar um vídeo ou compartilhar a ideia com seus amigos, para aí retornar ao texto-base.

Nesse modelo, o livro traz apenas uma perspectiva possível ou uma análise mais geral do tema de interesse. O papel do leitor é buscar outras perspectivas ou mais detalhes em outras fontes. Depois de sentir que a curiosidade foi saciada, ele pode voltar ao livro e dar continuidade ao ciclo.

Esse constante vaivém faz com que a leitura não linear seja mais lenta. Porém, o objetivo primordial não é finalizar o livro o mais rápido possível, e sim usá-lo como um roteiro de descoberta, aprofundamento e produção de conhecimento, estimulado pela curiosidade intelectual.

CAMADA 6: LEITURA + IMERSÃO

Qualquer método de leitura pode ser complementado com imersão. Quando se é movido pela curiosidade intelectual, o que se quer é mais informações sobre o objeto da aprendizagem.

A imersão consiste em ocupar o máximo de tempo com atividades, conteúdos e produtos que tenham relação com o tema. Não se trata de aumentar o tempo de "estudo focado", mas de aproveitar o tempo ocioso, mais relaxado e menos intenso, para consumir lazer intelectual relacionado com o tópico de estudo. Por exemplo, é possível selecionar filmes, palestras, documentários ou podcasts para consumir durante um deslocamento ou ao realizar tarefas domésticas.

Tenha consciência, contudo, de que essa estratégia deve ser considerada apenas como um suporte para o processo de aprendizagem, e que o material precisa ser necessariamente leve, divertido e instrutivo. Se a mente não estiver orientada pela curiosidade intelectual e o material não for prazeroso, a imersão poderá até ser prejudicial, criando um cansaço mental e uma ojeriza em relação ao assunto.

A imersão deve funcionar, portanto, como um complemento capaz de ampliar as possibilidades de aprendizagem. Ela se baseia na premissa de que aquilo que você consome fora das horas de estudo profundo também irá moldar o seu futuro e acelerar o seu aprimoramento.

Antes de seguir em frente, fica aqui um alerta. A internet fez tantos estragos na nossa mente que conseguir manter o foco na leitura de um livro por alguns minutos já é um grande feito. Assim, não é preciso ficar obcecado em ler apenas de modo profundo nem se sentir frustrado por não conseguir realizar uma leitura de alto impacto. Como qualquer habilidade cognitiva, a capacidade de ler também evolui progressivamente. Para ser um leitor de excelência é preciso, antes de tudo, ser um leitor. E para ser um leitor, é preciso adquirir o hábito de ler. Por isso, não trate a leitura como uma tarefa obrigatória, como se fosse um fardo. Pense nos livros como uma forma de sugar a experiência de outras pessoas, de se conectar com o mundo das ideias e de aproveitar o tempo de uma forma inteligente.

Mesmo que você sinta alguma dificuldade no começo, tenha confiança no processo e saiba que, com o tempo, os resultados virão inevitavelmente.

1. Configure sua mente

Cada criatura é um rascunho a ser retocado sem cessar.
João Guimarães Rosa

1

Tente se lembrar do nome das cinco ruas paralelas à que você mora. Pode ser em qualquer direção: Norte, Sul, Leste ou Oeste. Deveria ser algo relativamente fácil, pois você passa por elas todos os dias. Mesmo assim, você precisa franzir o cenho para se lembrar de algumas, não é mesmo?

Agora, imagine o desafio de saber o nome das 25 mil ruas de Londres, que, ao contrário de muitas cidades, não adota nenhuma lógica específica para organizar suas vias públicas.

Para dificultar, ainda precisa identificar as melhores rotas para chegar de um ponto a outro da cidade e conhecer de cor a localização de todos os pontos de referência: lugares turísticos, pontes, escolas e assim por diante. São mais de 10 mil lugares.

Se você sonha em obter uma licença para dirigir os famosos táxis pretos de Londres, precisa ser aprovado em um teste chamado "The Knowledge" [O conhecimento], cujo objetivo principal é medir a capacidade de alguém transportar um passageiro pelas ruas da cidade.

Todos os anos, cerca de 7 mil pessoas se submetem a esse teste. Para isso, dedicam, em média, seis horas por dia de estudo, durante quatro anos, apenas para se preparar para a temida prova. O índice de reprovação é superior a 60%, o que faz com que o exame seja considerado um dos mais difíceis do mundo. Para ser aprovado, é preciso ter uma capacidade de memorização fora do comum, já que o cérebro humano não está previamente preparado para armazenar tanta informação.

Isso inclusive foi constatado de modo empírico quando neurocientistas analisaram a fisiologia do cérebro de alguns taxistas londrinos. Ficou claro que eles possuem uma estrutura cerebral diferenciada, sobretudo no hipocampo, que é a principal área responsável pela memória. Além de um tamanho superior ao normal, a quantidade de massa cinzenta nessa área é maior do que a de não taxistas com a mesma idade, mesmo nível de escolaridade e mesmo grau de inteligência.

Afinal, os taxistas foram aprovados no teste porque têm mais capacidade de memorização ou têm mais capacidade de memorização porque se prepararam? Em outros termos: o aumento da massa cinzenta no hipocampo dos taxistas é produzido pela atividade cognitiva ou é algo que já existia?

Para resolver esse mistério, a neurocientista Eleanor Maguire, da University College of London, acompanhou a trajetória de 79 aspirantes a taxistas durante os quatro anos em que se preparavam para a prova.[1] Ao longo de todo o processo, ela mediu o tamanho de seus hipocampos com um aparelho de ressonância magnética, comparando os resultados com os de outras pessoas que não iriam se submeter ao teste.

Antes de a preparação começar, o tamanho do hipocampo dos participantes era mais ou menos parecido, inclusive quando comparado com o de pessoas de mesma idade, mesma escolaridade e mesmo grau de inteligência que não estavam se preparando para o "The Knowledge". Assim, pelo menos entre aqueles 79 voluntários, ninguém tinha uma estrutura cerebral que gerasse uma vantagem cognitiva — eram cérebros comuns antes de decorarem o nome da primeira rua.

Depois de quatro anos de treinamento intenso, os participantes por fim prestaram a prova. Apenas 39 dos 79 voluntários conseguiram passar no teste e obter licenças. Era o momento perfeito para analisar de novo seus cérebros. Ficou demonstrado que o hipocampo desses participantes havia crescido de forma substancial no período. Ninguém entre os reprovados e quem não havia se submetido ao teste teve um desenvolvimento tão grande nessa parte do cérebro. A explicação para isso está nos intensos exercícios cognitivos realizados durante quatro anos. Aqueles que foram bem-sucedidos gastaram muito mais tempo treinando a mente, o que acabou formando novos neurônios, novas conexões e, *voilà*, fez crescer a massa cinzenta...

Não podemos subestimar o impacto desse estudo, pois a sua mensagem é uma das mais relevantes para a aprendizagem. Ele destrói um dos mitos que mais compromete a motivação: a falsa ideia de que as pessoas receberam algum tipo de dádiva natural que as coloca em vantagem em relação aos outros.

De início, não havia nenhuma diferença substancial no cérebro daqueles voluntários. Todos tinham uma estrutura cerebral semelhante antes de começar os estudos. Foi o treino, a prática e o esforço cognitivo que produziram as transformações cerebrais necessárias para que conseguissem a aprovação.

O nome técnico dessa capacidade que o cérebro tem de se remodelar em função das experiências, permitindo que as conexões cerebrais se transformem de acordo com as necessidades e circunstâncias, é neuroplasticidade, ou apenas plasticidade. É ela que fornece o poder de aprender coisas novas.

2

A cada três anos, a Organização para a Cooperação e Desenvolvimento Econômico (OCDE) organiza uma avaliação de desempenho escolar de nível global chamada Programa Internacional de Avaliação de Estudantes (Pisa, na sigla em inglês). É um teste comum, com questões de múltipla escolha, que mede o desempenho de estudantes de quinze anos em áreas como matemática, ciência e interpretação de texto.

Antes da prova propriamente dita, os alunos são convidados a preencher um questionário preliminar, no qual há perguntas sobre a qualidade dos professores e da escola, a situação socioeconômica da família, a quantidade de horas de estudo, o interesse por aprendizagem, entre outras.

Em 2015, três pesquisadores da McKinsey & Company fizeram um cruzamento de dados entre as repostas do questionário preliminar e o desempenho no teste para verificar eventuais correlações entre o contexto de vida do estudante e seu sucesso na prova. Eles encontraram várias correlações esperadas: alunos que estudam em boas escolas se saem melhor, assim como aqueles com pais ricos, que tiveram aulas com bons professores etc.

Porém, houve um fator bem específico que sobressaiu em relação a todos os demais. Enquanto informações relacionadas a professores, família, escola e inteligência tiveram menos de 20% de impacto no resultado, a atitude do aluno diante do processo de aprendizagem chegou próximo de 30%.

Esse ponto se insere no conceito de mentalidade de crescimento desenvolvido por Carol Dweck, que conduziu um experimento que mudou o mundo da aprendizagem. Para simplificar, ela dividiu uma sala de aula em dois grupos e realizou uma série de tarefas e testes idênticos com cada um deles. No início do experimento, todos os alunos tiveram um desempenho parecido. Contudo, no final do teste, um grupo se saiu muito melhor do que o outro graças a pequenas mudanças na forma de incentivo.

Essa diferença pode ser explicada pelo *mindset*, uma espécie de configuração da mente que pode ser "manipulada" com o uso de algumas palavras. O grupo que se saiu melhor foi sugestionado a pensar que seu êxito na primeira tarefa se deveu ao esforço, e não à inteligência.

Quando acreditamos que a inteligência é o fator decisivo para um bom desempenho acadêmico, assumimos uma postura defensiva, internalizando mecanismos de proteção psicológica para evitar frustrar nossas expectativas. É o que Carol Dweck denomina de *mindset* fixo (ou mentalidade fixa), que é a crença de que o talento e a inteligência são qualidades fixas e inalteráveis.

Por outro lado, quando acreditamos que o esforço é o fator decisivo, encaramos os testes como desafios ou oportunidades de evoluir. Um eventual resultado negativo não é um problema grave, pois se supõe que pode ser melhorado. Esse seria o *mindset* de crescimento (ou mentalidade de crescimento), ou seja, acreditar que as capacidades intelectuais podem ser aprimoradas com um esforço deliberado.

É por isso que a atitude mental teve um impacto tão relevante no resultado do Pisa de 2015. No questionário preliminar, havia questões específicas para medir a mentalidade dos alunos diante do processo de aprendizagem.

Os alunos que concordaram mais com mensagens relacionadas à mentalidade de crescimento — "se eu me esforçar, serei bem-sucedido" ou "eu me divirto aprendendo" — tiveram um desempenho superior na prova em comparação com os que haviam concordado com afirmações relacionadas à mentalidade fixa. E esse fator foi um potente preditor de bons resultados.

A proposta de Carol Dweck mira principalmente pais, professores e treinadores, visando convencê-los de que a melhor forma de impulsionar o crescimento é elogiar o esforço, a persistência e a dedicação, em vez da inteligência, do talento e da habilidade. No fundo, o objetivo é embutir na mente da pessoa a crença de que todos têm potencial para evoluir e, portanto, o esforço vale a pena.

Em termos práticos, isso significa substituir pensamentos de desestímulo e de estagnação por aqueles que impulsionam crescimento e superação. Ao internalizar isso, inclusive de modo reflexivo, por meio de um processo de autoconvencimento e automotivação, a atitude em relação à aprendizagem muda de forma radical. Mesmo que alguém seja uma das pessoas mais inteligentes do mundo, extremamente talentoso e conhecedor das melhores técnicas, se a atitude mental não estiver configurada de maneira correta, há grande chance de fracasso.

Por isso, mesmo que você seja cético em relação a mensagens motivacionais, talvez seja melhor dar algum crédito a esse negócio chamado mentalidade de crescimento.

3

Se as mensagens anteriores forem bem captadas, chegaremos com facilidade à conclusão de que a mentalidade fixa não é apenas uma barreira psicológica que sabota a aprendizagem, mas também uma atitude alicerçada em uma crença radicalmente falsa.

Olhe com atenção para a imagem a seguir e responda: o que ela representa para você?

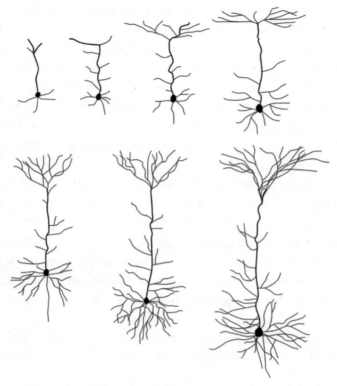

FONTE: James Gilbert e Heng-Ye Man. "Fundamental Elements in Autism: From Neurogênese and Neurite Growth to Synaptic Plasticity". Disponível em: <www.frontiersin.org/articles/10.3389/fncel.2017.00359/full>. Acesso em: 26 out. 2022.

Essa figura meio estranha representa sete etapas na vida de um dendrito, que são prolongamentos dos neurônios. Portanto, o que você está vendo é uma pequena parte de uma rede neural se expandindo.

Se quiser uma definição bem esnobe de aprendizagem, aqui vai: ela nada mais é do que a construção de novas conexões neurais. Ou seja, é o cérebro criando, fortalecendo e ampliando suas ramificações. Quanto mais você aprende, mais as conexões se tornam vigorosas, ativas e complexas, possibilitando o surgimento de outras.

É por isso que não há aprendizagem instantânea. A velha hipótese de que a quantidade de neurônios na mente de uma pessoa é fixa já foi completamente refutada pela ciência contemporânea. Todo processo é uma transformação gradativa do cérebro por meio do surgimento, do fortalecimento e do prolongamento de novos neurônios.

Essa ideia é tão poderosa para a compreensão da aprendizagem que vale a pena mostrar outra imagem, dessa vez comparando a evolução de dendritos em três fases da vida humana:

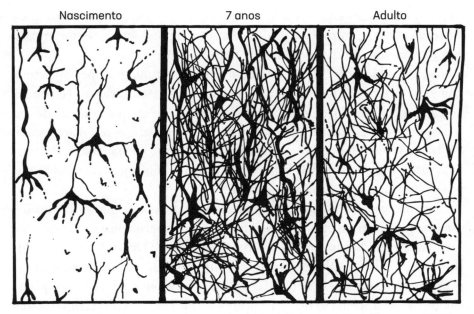

FONTE: Sean Brotherson. *Preparing for Parenthood*. North Dakota: ND State University, 2009.

É fácil notar que, quanto mais o tempo passa, mais as conexões cerebrais vão se ampliando, se consolidando e se tornando complexas. Enquanto algumas desaparecem, várias outras surgem, crescem e se fortificam. Isso é resultado da aprendizagem ocorrendo dentro do cérebro.

Todos os estímulos sensíveis — sons, imagens, toques, emoções — podem modificar esse órgão. É só deixar a plasticidade fazer o seu trabalho e aproveitar essa incrível habilidade da fisiologia humana de se adaptar a novos contextos.

A plasticidade é a razão pela qual a crença que alicerça a mentalidade fixa está equivocada. A aprendizagem tem o poder de alterar a estrutura do cérebro humano, de formar novos neurônios, de expandir a massa cinzenta e, como consequência, de ampliar as nossas habilidades, inclusive cognitivas.

Se você ainda não acredita, proponho que tente aprender um novo instrumento musical. Antes de começar a treinar, submeta-se a um exame de ressonância magnética para medir a quantidade de neurônios, dendritos e massa cinzenta em seu córtex cerebral. Depois de dois anos, submeta-se de novo ao mesmo exame. Se a hipótese se confirmar, o volume, pelo menos nas áreas relacionadas àquela habilidade, terá se expandido em proporção direta ao seu tempo de estudo. A música tem tantos efeitos sobre o cérebro que é possível ver com clareza a plasticidade em ação. É por isso que neurocientistas gostam tanto de estudar o cérebro de músicos.

Em um estudo de 2009, intitulado "Musical Training Shapes Structural Brain Development" [Treinamento musical molda o desenvolvimento estrutural do cérebro], Krista Hyde e seus colegas demonstraram que crianças de seis anos que receberam quinze meses de treinamento musical apresentaram várias mudanças na estrutura cerebral em comparação com as que não o receberam.[2] Suas mãos se tornaram mais hábeis, mas foram as mudanças no cérebro que possibilitaram esse aumento de agilidade.

Curiosamente, essas mudanças podem variar de acordo com as habilidades exigidas pelo instrumento. Por exemplo, em um experimento conduzido por Lutz Jäncke, publicado em 2009 sob o título "Music Drives Brain Plasticity" [Música impulsiona plasticidade cerebral], ficou demonstrado que, como pianistas precisam usar os dedos das duas mãos com muita destreza, enquanto violinistas usam apenas os dedos da mão esquerda,[3] as áreas do cérebro responsáveis pelo controle motor dos primeiros tendem ser mais alargadas nos dois hemisférios, enquanto as dos segundos tendem a ser mais alargadas apenas no hemisfério direito, responsável pela mão esquerda.

Assim como você pode treinar o corpo para adquirir ou aprimorar habilidades físicas, você também pode fazê-lo com o cérebro para potencializar capacidades cognitivas. Para isso, basta realizar atividades que estimulem o desenvolvimento das conexões cerebrais. Aprender novas línguas, ler livros, jogar video game, praticar jogos de inteligência e de memorização, escrever textos, estudar conteúdos desafiadores, praticar atividades aeróbicas e meditação são apenas alguns exemplos que a ciência já catalogou como atividades que estimulam o desenvolvimento cognitivo.

Infelizmente, só conseguimos perceber essas mudanças usando equipamentos muito específicos, e essa invisibilidade gera a sensação de que o talento é algo inato, uma dádiva da natureza, que já vem embutido previamente na mente de cada um. No entanto, tudo aquilo que aprendemos é fruto de uma mudança cerebral provocada por estímulos que alteraram as nossas conexões neurais. Embora possa existir quem tenha mais facilidade para dominar determinadas habilidades, todo ser humano possui a capacidade de expandir suas redes neurais e de se desenvolver a partir daí.

Mas e os gênios, que parecem quebrar todos os padrões da normalidade graças a seus talentos extraordinários? Esses prodígios não seriam uma exceção à regra? Como explicar o desempenho deles sem apelar para algum tipo de milagre cósmico, para o talento natural ou para o dom divino?

4

Wolfgang Amadeus Mozart era um gênio. Aos cinco anos, compôs a sua primeira música e, ainda na infância, recebeu convites para tocar para a realeza europeia. Compôs mais de seiscentas obras, incluindo concertos, óperas e sinfonias. É, com razão, considerado o maior ícone da história da música.

Uma de suas habilidades era a capacidade de identificar sem errar o tom de qualquer som, um fenômeno muito raro mesmo entre músicos profissionais. Estima-se que apenas 0,01% da população consiga fazer isso — ou seja, só uma a cada 10 mil pessoas é dotada de um ouvido absoluto. Se é assim, podemos considerar que, pelo menos em relação a isso, Mozart tinha um talento inato? Seria o ouvido absoluto uma dádiva divina?

Até bem pouco tempo, predominava a crença de que o ouvido absoluto era uma característica inerente ao cérebro de algumas pessoas privilegiadas. Contudo, em 2014, o psicólogo japonês Ayako Sakakibara publicou o resultado de um estudo que destruiu esse mito.[4] Ele acompanhou o desenvolvimento de 24 crianças que haviam acabado de entrar em uma escola de música em Tóquio. Todas receberam um treinamento específico, chamado "método de identificação de notas". Algumas já tinham um treinamento musical prévio, mas no início do estudo nenhuma tinha o ouvido absoluto.

O treinamento era simples. Todos os dias, elas eram submetidas a quatro ou cinco sessões de dois a cinco minutos de prática. A cada nova sessão, a dificuldade ia aumentando. Os progressos e os erros eram medidos de forma meticulosa. Após 58 semanas, o treinamento era finalizado. Todas as 22 crianças que concluíram o treinamento — duas abandonaram o estudo por razões involuntárias — tornaram-se membros do seleto grupo de pessoas com o ouvido absoluto.

> **Brain Hack**
>
> O treinamento para a aquisição do ouvido absoluto se baseia em uma técnica conhecida como aprendizagem sensorial. É um programa de aprendizagem progressiva, em que se avança de fase de acordo com a evolução, como um jogo de tentativa e erro com feedback imediato. A cada fase, a dificuldade aumenta, exigindo uma habilidade cada vez maior. Dependendo de certos fatores (como tempo de prática, idade e conhecimento musical prévio), quase todas as crianças conseguem adquirir essa habilidade com alguns meses de treino regular. Há estudos que indicam que até mesmo adultos podem adquirir ouvido absoluto, ainda que com algumas limitações. Caso você tenha interesse, há vários aplicativos e sites que oferecem esse treinamento de forma gratuita. Recomendo, em particular, o Toned Ear (tonedear.com). Vale a pena conhecê-lo até para compreender esse processo de aprendizagem sensorial, pois a sua lógica pode ser adaptada para vários outros campos, como veremos mais adiante.

E o que levou Mozart a desenvolver o ouvido absoluto? A reposta está em seu histórico familiar. Seu pai, Leopold, era um conceituado professor de música, tendo inclusive escrito um livro específico sobre educação musical para crianças. Quando Mozart nasceu, sua irmã Nannerl já era considerada uma pianista habilidosa. Assim, a conexão dele com a música vem de antes do berço. Nessas condições, é provável que muitas pessoas poderiam se tornar um Mozart.

O mais curioso é que, apesar de ser inegavelmente um prodígio para a época, se ele vivesse nos dias de hoje talvez fosse considerado apenas razoável. Graças à evolução dos métodos de treinamento, existem vários músicos que podem ser considerados tecnicamente superiores ao jovem Mozart.

5

É provável que você esteja incomodado com a afirmação acima. Afinal, que criança de cinco anos hoje é capaz de compor uma música clássica, como fez Mozart? Que músicos têm um repertório tão rico quanto o do talentoso compositor de Viena?

Há muita especulação em torno dessas perguntas, mas algumas respostas podem ser ensaiadas. Por exemplo, existe a suspeita de que o pai de Mozart tenha contribuído com suas primeiras composições. Além disso, há quem considere as obras do jovem vienense relativamente medíocres em termos de qualidade musical. Geralmente, eram imitações de outras músicas da época, com pouquíssima originalidade. As que são consideradas geniais foram produzidas depois de ele ter completado 21 anos, quando já havia acumulado anos de experiência.

É só ligar os pontos. Assim que nasceu, Mozart foi bombardeado com todo tipo de experiência musical. Aos cinco anos, seu cérebro já havia recebido mais estímulos musicais do que qualquer outra criança na sua idade. A partir daí, o pai percebeu a aptidão musical do garoto e passou a se dedicar exclusivamente a instruí-lo. À medida que a aprendizagem avançava, o público ficava cada vez mais impressionado com aquele prodígio. Antes de completar seis anos, Mozart já havia sido convidado para se apresentar em quase todos os países da Europa, o que gerava mais experiência, feedback e motivação. Depois de uma década de prática intensa, seu cérebro atingiu um nível de desenvolvimento musical inigualável. E ele não tinha nem quinze anos. Era natural que dessa mente lapidada por anos de treinamento de alta performance surgissem músicas geniais.

Essa hipótese é um desdobramento das ideias defendidas pelo psicólogo da alta performance K. Anders Ericsson.[5] Ele estudou profissionais de várias áreas — de músicos a esportistas, passando por campeões de memorização e enxadristas — para tentar entender o que faz com que algumas pessoas sejam as melhores.

Em um de seus trabalhos mais influentes, Ericsson investigou o histórico de diversos violinistas da Universidade de Música de Berlim para saber o que diferenciava músicos excepcionais dos razoáveis. Eles foram monitorados por algumas semanas e relataram suas rotinas, em especial o tipo e a duração dos treinos. Com base nesses relatos, Ericsson fez um cruzamento de dados relacionando o tempo dedicado à prática do violino e o nível de desenvolvimento obtido por cada um. O resultado demonstrou que quem era considerado excepcional havia praticado por muito mais tempo do que os que eram considerados apenas bons. E mais: os melhores violinistas, ou seja, aqueles que foram selecionados para participar das grandes orquestras sinfônicas de Berlim, eram os que haviam acumulado mais tempo de prática focada, tocando sozinhos o seu instrumento em busca do aprimoramento contínuo.

Esse estudo foi um divisor de águas na ciência da expertise, pois comprovou que, na busca pela excelência, o autoaprimoramento esforçado pode contar mais do que o talento. Mesmo pessoas que a princípio são consideradas "menos talentosas" são capazes de evoluir e alcançar o topo, desde que adotem métodos eficientes de treinamento e pratiquem o suficiente para a plasticidade atuar.

No caso específico dos violinistas, Ericsson comprovou que os melhores dedicaram em média 10 mil horas de treino para alcançar o nível máximo de excelência aos vinte anos de idade. Com base nesse estudo, Malcolm Gladwell popularizou no seu livro *Outliers* a agora famosa "regra das 10 mil horas".[6] De acordo com ela, você só alcança a excelência em qualquer atividade cognitiva complexa se se dedicar por 10 mil horas. Por exemplo, alguém que pratica quatro horas por dia, cinco dias por semana, leva cerca de dez anos para chegar a esse número.

Depois do livro de Gladwell, a "regra das 10 mil horas" se popularizou e se tornou uma espécie de senso comum. Porém, o próprio Anders Ericsson criticou Gladwell, sugerindo que não existiria uma fórmula temporal rígida para alcançar a excelência. Dez mil horas não é um número mágico que se aplica a todas as situações. O tempo de dedicação para alcançar o topo varia em função de inúmeros fatores, como tipo de atividade, método e engajamento. E mesmo naquelas situações em que se poderia aplicar a fórmula das 10 mil horas, alguns alcançam a excelência antes; outros, nem com isso.

Seja como for, todos convergem em um ponto: a excelência requer esforço, dedicação e motivação para praticar com consistência por muitas horas.

6

A rigor, as pessoas já dedicam grande parte de suas vidas a praticar a mesma atividade por horas. Em cinco anos, um professor pode alcançar, com certa facilidade, 10 mil horas de sala de aula. Um médico também é capaz de alcançar esse tempo de clínica ou mesmo de cirurgia em menos de uma década. Um programador costuma virar a noite na frente do computador e seria capaz de completar o período em poucos anos. O mesmo vale para qualquer outro profissional que se dedica em tempo integral a uma única atividade — ou seja, qualquer um pode alcançar esse número de horas se for persistente o bastante.

O problema é que o tempo de prática por si só não significa muita coisa. Aliás, a repetição massiva de uma mesma atividade por vários anos seguidos pode até prejudicar o desempenho. Em muitos casos, um profissional mais experiente pode estar desatualizado, desmotivado e mais suscetível a cometer erros cognitivos desenvolvidos por ter passado anos pensando e fazendo as coisas do mesmo jeito. Por isso, para alcançar o topo, não basta praticar de maneira contínua a mesma atividade por 10 mil horas. O que leva à excelência é um tipo de prática muito específico, que Anders Ericsson apelidou de "prática deliberada".

Em primeiro lugar, é uma prática com o propósito de evoluir. Quem quer alcançar a excelência nunca está satisfeito com o próprio desempenho e está sempre querendo subir de nível. Por isso, procura desafios que possam forçar os seus limites e tirá-lo da zona de conforto. É como um jogo de video game, em que as fases vão ficando cada vez mais difíceis.

Além disso, a prática deliberada é consistente, persistente e perseverante. Quem busca a alta performance a insere em sua rotina, organizando a vida em função dela. A capacidade de controlar os próprios hábitos e um bom sistema de gestão de tempo são ferramentas fundamentais para isso. É preciso também estar engajado na atividade. A prática deliberada pressupõe foco e concentração de alta intensidade. O *flow* — estado de imersão máxima — é uma condição importantíssima para quem busca a alta performance. Para alcançar esse estado mental, é preciso gerenciar bem a própria atenção. A motivação também é essencial para vencer o cansaço e a monotonia que às vezes acompanham a repetição exigida por essa prática. É uma repetição programada, variada e espaçada, que deve ser feita com o monitoramento do progresso e feedback.

O segredo da aprendizagem é aproveitar esse processo como algo valioso. Quando estamos inseridos em um sistema de evolução contínua, cada pequena conquista se torna combustível para seguir em frente, com vontade de ir cada vez mais longe.

7

O lema da Khan Academy é bastante inspirador e traduz a essência da mentalidade de crescimento: "Quem quer que você seja, onde quer que esteja, só precisa saber de uma coisa: você pode aprender o que quiser".

Apesar de belíssima, a mensagem é incompleta, pois não indica algumas condições essenciais para que a aprendizagem ocorra. Embora todos tenham o potencial de aprender o que quiser, isso só acontecerá dentro de determinadas circunstâncias.

Para começar, é necessário um método de aprendizagem que seja apropriado para a área que alguém pretende dominar. Mesmo que tenha vontade de aprender e acredite em seu próprio potencial, o progresso será frustrante sem um método eficiente.

Lembre-se de que a sua missão é alargar dendritos, o que significa que precisará treinar a mente para que as conexões do seu cérebro se fortaleçam, se consolidem e se expandam. Se você abraçar essa ideia com entusiasmo, estará a um passo de se tornar um superaprendiz, alguém que transforma a aprendizagem em estilo de vida, procura seguir a curiosidade intelectual e está sempre em busca de aprender coisas novas.

Nesse aspecto, a mentalidade de crescimento se confunde com o espírito da superaprendizagem. O ponto diferencial é que o superaprendiz se preocupa em aprimorar o método e descobrir a melhor forma de aprender, pois não quer desperdiçar tempo com práticas ineficientes.

Assim, não é preciso ter um superpoder de transformação ou uma inteligência extraordinária, basta buscar a melhoria contínua em tudo o que podemos controlar. Para nossa sorte, essa capacidade já está configurada em nossas mentes.

2. Configure sua motivação

Aquele que tem um porquê para viver pode enfrentar quase todos os comos.
Friedrich Nietzsche

1

Suponha que duzentas crianças, divididas em dois grupos bem equilibrados, são desafiadas a correr cem metros no menor tempo possível. E que às do grupo 1 se pede que se esforcem ao máximo, pois é uma oportunidade de se divertirem e se desenvolverem. Às crianças do grupo 2, é prometido que, se vencerem, irão ganhar uma barra de chocolate. Em qual você apostaria?

Essa é uma das raras situações em que a motivação extrínseca — estímulos motivacionais gerados por fatores externos, como dinheiro, fama, prêmios, medo de punições ou chocolate — funciona relativamente bem. O seu oposto é a motivação intrínseca, que envolve a vontade de agir pela satisfação interna produzida pela atividade. Enquanto a segunda nos impele a fazer algo no exercício da nossa autonomia, a primeira envolve estímulos externos que podem influenciar nossa conduta, mesmo quando preferiríamos seguir outra linha de ação. Por exemplo, se você está lendo este livro porque quer aprender coisas novas, a sua motivação é intrínseca; se o faz porque alguém lhe prometeu algo, é extrínseca.

Na competição descrita, apelou-se à motivação intrínseca do grupo 1 e à extrínseca do grupo 2. Como o desafio envolve uma única prova de corrida de curta distância, a força de vontade momentânea pode ser um fator decisivo. As crianças que se esforçarem ao máximo tenderão a obter os melhores resultados, e a promessa de um prêmio saboroso pode ser um estímulo externo potente.

Essa é a lógica que embasa as teorias dominantes da motivação. A ideia é que os seres humanos, assim como outros animais, agem movidos pelo desejo de maximizar seus ganhos pessoais e minimizar as perdas. Nessa lógica, a melhor forma de direcionar o comportamento humano seria por meio de um modelo de incentivos e desincentivos, que premia o comportamento desejável e castiga o indesejável. O apelo dessa mensagem é muito convincente e intuitivo.

Não à toa, praticamente todos os sistemas normativos preveem prêmios e castigos para controlar as pessoas. As normas religiosas invocam a promessa de uma vida sublime no paraíso para quem faz o bem, enquanto a quem pratica o mal está reservado o sofrimento eterno nas profundezas do inferno. As normas jurídicas, por sua vez, premiam quem se comporta em conformidade com as leis e ameaçam colocar atrás das grades quem se desvia do comportamento esperado. As empresas dão bônus aos empregados que geram lucro e demitem os improdutivos. Bons alunos ganham boas notas e quem não faz as tarefas pode ser reprovado.

É inegável que essa lógica funciona bem em vários contextos e pode gerar efeitos quase imediatos. Afinal, a perspectiva de ganhar dinheiro ou prêmios faz os olhos de muitos brilharem. E não só os olhos. O cérebro também "brilha" quase literalmente.

Em 2010, Kou Murayama, psicólogo da Universidade de Munique, conduziu um experimento interessante que analisava os efeitos da recompensa no interior do cérebro humano.[1] Para isso, ele e seus colegas desenvolveram o "jogo dos cinco segundos", que poderia ser utilizado dentro de um aparelho de ressonância magnética. Era um jogo bem simples, em que cada participante deveria apertar um botão toda vez que o cronômetro atingisse cinco segundos e se acertasse ganhava um ponto. A margem de erro era de 0,5 segundo.

Foram selecionados 28 voluntários para participar da experiência, que envolvia duas sessões com um intervalo de três minutos entre elas. Os pesquisadores dividiram os participantes em dois grupos. Aos membros do grupo 1, foi solicitado que jogassem da melhor forma possível. Ao grupo 2, foi prometido cerca de 2,20 dólares para cada ponto que fizessem. Como o jogo estava sendo realizado dentro de um aparelho de ressonância magnética, era possível ver a atividade cerebral durante a primeira sessão. Ficou claro que havia uma diferença substancial ocorrendo dentro da cabeça de cada participante. Como se vê nas imagens a seguir, o cérebro de um participante do grupo 2 ficou bem mais ativo durante o jogo. Em termos práticos, ele estava mais empenhado em acertar o maior número de pontos possível.

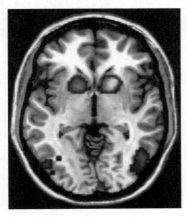 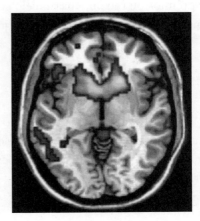

Sessão 1 — Grupo 1.   *Sessão 1 — Grupo 2.*

FONTE: Kou Murayama et al. *Neural Basis of the Undermining Effect of Monetary Reward on Intrinsic Motivation*. Nova York: Columbia University, 2010.

Essa ativação cerebral teve reflexos diretos e imediatos no desempenho durante a primeira sessão. O gráfico a seguir ilustra o resultado.

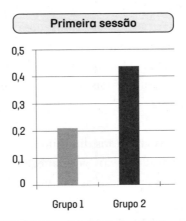

FONTE: Kou Murayama et al. *Neural Basis of the Undermining Effect of Monetary Reward on Intrinsic Motivation*. Nova York: Columbia University, 2010.

Pelo gráfico, percebe-se que o número de acertos dos participantes do grupo 2 foi praticamente o dobro do grupo 1, cujos membros não haviam tido nenhum tipo de estímulo monetário para jogar bem. Mais uma vez, a cenourinha fez o coelho correr mais rápido. Ponto para a motivação extrínseca.

Seria essa a prova cabal de que a melhor forma de motivação é a promessa de prêmios ou recompensas? Pelo contrário. Como se verá adiante, esse experimento é uma prova definitiva de que recompensas nem sempre compensam.

2

Imagine que você seja secretário de Saúde de determinada cidade e queira aumentar a quantidade de doadores de sangue. Para isso, resolve adotar uma nova política pública, em que cria um incentivo monetário de vinte reais para cada pessoa que doar sangue. Marque a alternativa correta de acordo com a sua opinião:

(a) a quantidade de doadores aumentará;
(b) a quantidade de doadores permanecerá a mesma;
(c) a quantidade de doadores diminuirá.

Agora, imagine que você seja diretor de uma escola infantil. Os pais precisam pegar os filhos às cinco da tarde, quando termina a aula. O problema é que muitos pais atrasam e pegam seus filhos com uma ou até duas horas de atraso, o que obriga a escola a pagar hora extra a seus funcionários. Por conta disso, você resolve adotar uma nova política para desestimular os atrasos. Cada vez que um pai chegar à escola depois das 17h30, ele deve pagar uma multa de vinte reais. Na sua opinião:

(a) a quantidade de pais atrasados diminuirá;
(b) a quantidade de pais atrasados permanecerá a mesma;
(c) a quantidade de pais atrasados aumentará.

Pela lógica do sistema de prêmios e castigos, deveríamos marcar "a" nos dois casos. Em tese, as pessoas passariam a doar mais sangue se recebessem algo em troca. Do mesmo modo, os pais evitariam o atraso para não pagar a multa. Contudo, o gabarito correto é a letra "c".

Essas situações foram testadas de forma empírica, respectivamente, na Holanda e em Israel. No primeiro, realizado em 2008, os economistas Carl Mellström e Magnus Johannesson demonstraram que "a introdução de pagamentos monetários pode reduzir a motivação intrínseca para agir de forma altruísta ou cumprir um dever cívico".[2] A oferta de sete dólares para que algumas pessoas doassem sangue fez com que a quantidade de doadores diminuísse de 44% para 33%. Esse impacto foi maior em relação às mulheres, cujo percentual caiu de 52% para 30%.

Esse é um típico exemplo do "efeito debandada" que ocorre quando um incentivo positivo desestimula o comportamento desejado. Algumas pessoas que estavam dispostas a doar sangue por razões altruístas podem se sentir desmotivadas com a perspectiva de lucrar com a necessidade alheia.

Em Israel, Uri Gneezy e Aldo Rustichini testaram a multa como forma de diminuir o atraso de pais em uma creche e perceberam que o efeito foi justamente o contrário: os atrasos aumentaram de forma significativa. Publicado em 2000, no estudo pesquisadores explicam que, antes da multa, havia entre os pais e a creche um compromisso moral de pontualidade que, na maioria das vezes, era respeitado. A quebra desse compromisso gerava constrangimento social, o que tinha o efeito de motivar os pais a evitar o atraso sempre que possível.

Quando a multa foi introduzida, essa relação moral se transformou em um contrato econômico lastreado no custo-benefício. É como se a possibilidade de multa tivesse criado uma alternativa: ou você pega seu filho na hora certa e não paga nada, ou atrasa e paga a multa. Nesse modelo, pegar o filho antes ou depois da hora marcada se transformou em uma escolha econômica, sem os poderosos constrangimentos morais e sociais de antes. Para pais ocupados, muitas vezes poderia ser financeiramente compensador pegar seus filhos depois das 17h30.

Há muitas experiências semelhantes que comprovam que a introdução de incentivos monetários pode ter o resultado contrário do desejado, sobretudo em contextos que envolvem razões de natureza moral ou cívica. Para atividades assim, o dinheiro pode neutralizar a motivação intrínseca que costuma estar presente, contaminando a razão primária para que sejam adotados comportamentos altruístas e pró-sociais. Portanto, pelo menos em relação a condutas com um apelo moral, ponto para a motivação intrínseca.

3

Mesmo quando a motivação extrínseca é eficiente, ela nem sempre produz os resultados esperados, pois pode perverter os propósitos desejados com a recompensa. Um exemplo bem inusitado pode ajudar a explicar esse fenômeno.

No início do século XX, o Rio de Janeiro viveu uma epidemia de peste bubônica que, entre 1900 e 1903, matou mais de quinhentas pessoas. Para resolver o problema, o governo pediu ajuda ao médico sanitarista Oswaldo Cruz, que havia acabado de retornar de Paris, onde estudou microbiologia, soroterapia e imunologia no conceituado Instituto Pasteur. Ao assumir o comando do órgão de saúde, o jovem médico implantou diversas medidas para combater a doença, como o isolamento de doentes, a notificação compulsória de casos positivos, a desinfecção de moradias em áreas de foco e uma medida bastante polêmica: a captura dos vetores causadores da doença — os ratos.

Para exterminar os animais, a medida contaria com a participação da população. A ideia era pagar um prêmio em dinheiro para cada rato capturado. Assim, em 20 de setembro de 1903, foi emitida uma ordem com o seguinte teor:

> O problema da extinção de ratos duma cidade apresenta-se como uma questão difícil. Para conseguir um resultado prático, foi estabelecido um serviço especial de matança desses animais, constituindo-se para isso uma turma de empregados, vencendo cada um 60 mil-réis mensais e estando na obrigação de apresentar uma média mensal de 150 animais, sem o que serão dispensados. Os ratos que trouxerem a mais são indenizados à razão de trezentos réis por animal.

A medida teve efeito imediato. Muitas pessoas, em especial as mais pobres, se tornaram empregados especializados na captura desses vetores. Como resultado, a população de roedores diminuiu rapidamente, e com isso o número de óbitos causados pela doença entrou em queda. Apesar do sucesso da medida, algo estranho estava ocorrendo: embora os ratos estivessem desaparecendo das ruas, a quantidade de animais capturados só aumentava.

O quadro abaixo relaciona o número de roedores capturados e os óbitos durante 1903 a 1907, quando o combate aos animais começou:[3]

Ano	Número de óbitos (peste bubônica)	Número de ratos incinerados
1903	306	24 441
1904	275	295 913
1905	142	370 012
1906	115	440 660
1907	73	471 605

Como explicar esse fenômeno curioso? As pessoas começaram a desenvolver estratégias para conseguir mais animais e vendê-los ao governo. Alguns os buscavam em outras cidades, outros chegaram ao ponto de criar roedores, construindo verdadeiras fazendas de ratos.

Esse exemplo aponta outro efeito pernicioso das recompensas. Quando a possibilidade de ganho está em jogo, as pessoas buscarão o caminho mais curto para maximizar seus interesses. Podemos chamar isso de "efeito fazenda de ratos". Todos podem adotar essa mentalidade, e o processo de aprendizagem é um campo muito fértil para encontrar comportamentos corrompidos por recompensas.

Alunos que plagiam trabalhos para ganhar pontos ou trapaceiam na prova para tirar boas notas. Professores que deixam de lecionar o que é importante para ensinar apenas aquilo que pode agradar aos alunos. Dicas mnemônicas superficiais que encobrem a relevância do conteúdo de fundo. Adoção de técnicas de estudo que funcionam a curto prazo e "ajudam a passar", mas são ineficientes. Todas essas situações são manifestações do efeito fazenda de ratos. Quem assim o faz pode até ganhar a recompensa esperada, mas o propósito da aprendizagem terá sido corrompido.

Um exemplo muito conhecido entre estudantes é o chamado "estudo de véspera de prova" (EVP). Embora o senso comum reconheça que esse método é prejudicial para a aprendizagem, muitos o utilizam sem crise de consciência. Aliás, esse talvez seja o método de estudo mais adotado no mundo. A razão é muito simples: o EVP, embora não gere aprendizagem de longo prazo, é relativamente eficaz para alcançar o resultado pretendido, que é tirar notas satisfatórias.

Imagine que seja terça-feira e na segunda-feira da semana seguinte você terá uma prova de história. Você tem, portanto, quase uma semana para estudar, porém não sabe nada do conteúdo. Pelos seus cálculos, serão necessárias pelo menos três horas de estudo para assimilar toda a matéria. Qual seria a melhor estratégia: estudar de modo espaçado (por exemplo, uma hora na quarta, uma na sexta e uma no sábado) ou ver tudo na véspera da prova (três horas no domingo)?

Por incrível que pareça, se o seu objetivo for apenas tirar uma boa nota, o estudo na véspera pode ser vantajoso, ainda que seja completamente ineficaz a longo prazo. Robert Bjork, uma das maiores autoridades na ciência da aprendizagem, replicou vários experimentos empíricos que comparavam essas duas estratégias e, no geral, o EVP (chamado nos Estados Unidos de *cramming*) demonstrou ter uma pequena vantagem em relação ao estudo espaçado (que Bjork denomina *spaced repetition*), pelo menos a curto prazo.[4]

Deveríamos, portanto, abraçar o EVP como estratégia de estudo? Se o nosso foco for a recompensa imediata (nota na prova), talvez sim. Mas se o foco for a aprendizagem, com certeza não. Isso porque os efeitos produzidos pelo estudo massificado de véspera são efêmeros. O conteúdo assimilado é apagado da memória em uma velocidade muito mais rápida do que no estudo espaçado. Por exemplo, se a mesma prova for realizada uma semana depois, o desempenho de quem praticou EVP cai de forma drástica.

Perceba que o problema não está necessariamente na estratégia de estudo. No fundo, os estudantes que utilizam o EVP sabem que esse método tem pouco impacto no processo de aprendizagem. Mas não se importam, porque o que eles buscam é a melhor forma de ganhar a recompensa oferecida: uma nota satisfatória. Essa é a regra do jogo. Assim, a questão está no próprio sistema, que funciona à base de recompensas que distorcem o sentido da aprendizagem, tornando o EVP um exemplo típico do efeito fazenda de ratos.

No entanto, isso ainda não refuta a ideia de que as motivações extrínsecas podem ser eficientes em determinados contextos. O exemplo das fazendas de ratos representa uma situação em que o uso de recompensas foi distorcido porque o modelo de incentivos havia sido mal concebido. E se for possível desenhar um modelo menos suscetível a fraudes e distorções? Será que o uso de recompensas não pode ser de algum modo eficiente para a aprendizagem?

4

Como vimos, quem saiu vitorioso da primeira sessão do jogo dos cinco segundos foi o grupo 2, que recebeu um incentivo monetário para cada ponto conquistado. Com a perspectiva de ganho, seus cérebros ficaram bem mais ativos, concentrados e, consequentemente, ágeis. Dessa forma, conseguiram apertar o botão dentro da margem de erro com muito mais frequência do que quem não havia recebido estímulos monetários.

Após o término da primeira sessão, os participantes foram levados um a um para uma sala silenciosa para aguardar a próxima etapa, que começaria após três minutos. Nesse período, cada participante ficaria sozinho e estaria livre para fazer o que quisesse: ler revistas ou livros, jogar um pouco mais o jogo dos cinco segundos ou até mesmo não fazer nada. Havia uma câmera escondida na sala, que permitia aos pesquisadores ver o que os participantes haviam escolhido fazer no tempo livre. Curiosamente, 60% dos indivíduos do grupo 1 optaram por continuar jogando, mesmo com outras opções de entretenimento. Por outro lado, apenas 25% do grupo 2 usaram o tempo livre para jogar. A diferença de atitude parece bem clara: o grupo 1 estava encarando o jogo como diversão, enquanto o 2 o via como uma espécie de atividade remunerada.

Quando começou a segunda sessão do experimento, os participantes seriam colocados mais uma vez dentro do aparelho de ressonância magnética para jogar. Só que dessa vez ambos os grupos foram informados de que não haveria nenhum prêmio. Ou seja, eles deveriam jogar apenas por diversão, dando o melhor de si independentemente dos ganhos. Ao ouvir essa notícia, os membros do grupo 2 logo perderam o interesse por continuar jogando. Aquele brilho em seus cérebros que havia proporcionado um resultado tão positivo na primeira sessão se apagou por completo. O desempenho também despencou e o número de acertos caiu para quase zero.

Esse experimento demonstra o efeito de corrosão das motivações extrínsecas. Quando remunerações ou prêmios são oferecidos para uma atividade que poderia ser prazerosa, a natureza da motivação muda por completo. A tarefa deixa de ser divertida e passa a ser apenas um meio para obter o ganho prometido. A pessoa rapidamente cria uma dependência da recompensa e perde a autossatisfação proporcionada pela atividade. Enquanto um prêmio é oferecido, o desempenho tende a ser até razoável. No entanto, quando é tirado da equação, já não há mais motivação intrínseca ou extrínseca que justifique o esforço.

Esse efeito já foi demonstrado em vários experimentos na vida real. Em estudos com fumantes e com pessoas em processo de emagrecimento, pesquisadores comprovaram que oferecer dinheiro para que parem de fumar ou iniciem uma dieta pode ter um bom efeito a curto prazo. Enquanto a remuneração é paga, muitos conseguem cumprir a meta. Porém, quando o valor deixa de ser oferecido, a quantidade de pessoas que voltam ao vício ou saem da dieta é muito superior às que seguiram por motivações intrínsecas. E mais: os pesquisadores também notaram o aumento da quantidade de gente que mentia apenas para ganhar a recompensa, em mais um exemplo do efeito fazenda de ratos.

No influente livro *Punidos pelas recompensas*, Alfie Kohn explica que esse efeito corrosivo pode atingir de forma drástica o processo de aprendizagem. Por exemplo, vários experimentos demonstram que estudantes tendem a perder a motivação intrínseca de atividades como desenhar, ler ou mesmo brincar quando algum tipo de bônus é oferecido pela realização daquela tarefa.[5]

Alguns desses experimentos foram filmados, e as cenas são impressionantes. Em um primeiro momento, é possível ver algumas crianças satisfeitas realizando várias atividades lúdicas por diversão — desenhando, lendo, resolvendo quebra-cabeças, e assim por diante. É o comportamento esperado diante de tarefas desafiadoras que instigam a curiosidade. Logo em seguida, chega um adulto e oferece um prêmio para que a atividade seja concluída no menor tempo possível. A criança fica mais séria, se esforça um pouco mais e conclui a atividade. A partir dali, todo o entusiasmo desaparece e some o interesse intrínseco por continuar fazendo aquela atividade sem a perspectiva de ganhar alguma coisa em troca. É como se a criança tivesse sido "punida pela recompensa".

Em seu blog, Alfie Kohn escreveu sobre um programa de incentivo à leitura chamado Book It, patrocinado pela Pizza Hut.[6] Os professores interessados em participar estabeleciam metas de leitura mensal para seus alunos e, ao cumpri-la, o aluno ganhava um certificado de leitura que poderia ser trocado por uma pizza.

Com o projeto, quem gosta de ler por prazer evitaria no futuro fazê-lo se não houvesse mais um prêmio em perspectiva. Assim, a leitura se tornaria uma obrigação, o que eliminaria a empolgação. Além disso, os leitores passariam a escolher livros mais curtos para conseguir mais pizzas. O único efeito positivo que um programa assim poderia causar seria em relação a quem não tem nenhuma motivação intrínseca para ler. Um contato inicial "estimulado" poderia, eventualmente, acender a paixão pelos livros e criar algum tipo de interesse intrínseco. É raro isso acontecer, mas não é impossível. De qualquer modo, em todas as demais situações, a leitura "premiada" tende a ser perniciosa.

Ter consciência desses princípios que influenciam a motivação humana é fundamental para o processo de aprendizagem. Quase todo o sistema educacional é orientado em função de motivações extrínsecas. E esse talvez seja um dos grandes obstáculos para quem quer se tornar um superaprendiz. Em grande parte, nossa motivação intrínseca pode ter sido corroída ao longo de vários anos de submissão ao modelo de prêmios e castigos que orienta os sistemas de ensino. E não é fácil quebrar esse padrão.

5

Em uma pesquisa realizada em 2000, o neurocientista Mauricio Delgado, da Universidade Rutgers, queria estudar os efeitos da recompensa no cérebro humano e, para isso, desenvolveu um jogo que tinha a pretensão de ser o mais chato do mundo.[7] O seu objetivo era gerar o mínimo de excitação no cérebro para que fosse possível identificar com mais precisão, dentro de um aparelho de ressonância magnética, as áreas ativas durante o recebimento da recompensa.

O jogo tinha poucas regras. Um número aleatório de 1 a 9 seria selecionado em segredo pelo computador. Em seguida, o jogador deveria apresentar um palpite, indicando se o número era maior ou menor do que 5. Se acertasse, o voluntário ganharia um dólar; se errasse, perderia cinquenta centavos. O número 5 era neutro.

Quando Delgado concebeu o jogo pela primeira vez, acreditava que as pessoas ficariam rapidamente entediadas. Afinal, era só apertar um botão e esperar. O jogo não exigia nenhuma habilidade, nenhum esforço cognitivo e nenhuma estratégia. Apesar disso, curiosamente, as pessoas pareciam gostar daquilo. Alguns eram capazes de jogar por várias horas seguidas. Houve até mesmo quem pedisse uma cópia para jogar em casa.

O mais engraçado é que o jogo era todo pré-programado para gerar o mesmo padrão de recompensa e punição. Ou seja, a rigor, não havia um número aleatório a ser selecionado previamente pelo computador. Em qualquer situação, ele estaria programado para dizer que o jogador acertou a primeira, errou a segunda, acertou a terceira, acertou a quarta, errou a quinta, e assim por diante. Mesmo quando eram informados desse detalhe, os jogadores continuavam gostando, sem se incomodar.

Delgado teve, então, a ideia de alterar de maneira sutil o formato do jogo. As regras seriam as mesmas, com uma pequena diferença: os palpites seriam alternados entre o jogador e o computador. Ou seja, o primeiro "chute" seria do jogador, e o segundo seria do computador. Não havia competição. Todos os pontos eram computados para o jogador, ou seja, as recompensas e punições seriam atribuídas a ele ainda que o palpite fosse do computador. Nessa nova versão, foi possível perceber um fenômeno muito interessante no cérebro dos jogadores. Quando davam o palpite, o corpo estriado ficava excitado e ativo. Por outro lado, quando o computador escolhia, a área não mostrava nenhuma empolgação.

Essa é uma região do cérebro muito importante para a motivação. É ela que faz a conexão entre as emoções (desejo de agir) e as áreas motoras (a ação propriamente dita). Ou seja, é o corpo estriado quem nos impulsiona a levantar do sofá, a calçar um tênis e a nos exercitar. Também é ele quem nos faz caminhar até a biblioteca, pegar um livro na prateleira e começar a ler. Qual a explicação para a diferença de reações no corpo estriado durante o jogo de adivinhação? Por que os cérebros ficavam ativos quando eles davam o palpite, mas perdiam o brilho quando era a vez do computador?

A resposta para isso é muito impactante para a ciência da motivação e, como consequência, para a aprendizagem. O segredo está no senso de controle que a escolha proporciona. Os jogadores se sentem emocionalmente ligados às suas próprias opções e, por isso, reagem ao resultado com muito mais excitação. Quando a decisão é feita pelo computador, eles não se sentem no controle e, por isso, respondem ao resultado de modo mais apático, mesmo sabendo que irá gerar recompensas ou punições. Para Delgado, esse estudo demonstra o poder motivacional da própria escolha. É como se o simples fato de termos controle da situação já gerasse por si só uma empolgação extra, fornecendo a energia necessária para transformar nossos desejos em ação. Essa conclusão aparentemente banal tem um enorme potencial transformador, sobretudo para a aprendizagem.

No sistema tradicional de ensino, o aluno tem pouco ou nenhum controle sobre o seu processo educacional. Quem escolhe o material de estudo são os professores; os horários das aulas são predeterminados; as provas são obrigatórias; e até os métodos de ensino e aprendizagem costumam ser padronizados. Tudo vem pré-formatado sem que o aluno possa opinar. A consequência dessa perda do senso de controle e de participação é a apatia, o desânimo, a desmotivação. Afinal, o corpo estriado não fica ativado.

Uma simples tomada de posição sobre o controle do próprio processo de aprendizagem pode ser capaz de aumentar de maneira substancial a vontade de aprender. Quando temos o poder de controlar nossos objetivos, planos, rotinas, agenda, projetos, processos, métodos etc., o nosso compromisso tende a aumentar de modo natural. O mesmo vale para as escolhas de conteúdo. O hábito de explorar, descobrir e selecionar novos materiais tem o poder de criar um vínculo inconsciente com o que foi escolhido, aumentando o engajamento.

6

A esta altura, espero que você esteja plenamente convencido de que deve basear a sua aprendizagem em motivações intrínsecas, tentando se desapegar ao máximo de promessas sedutoras que possam minar o seu interesse autêntico pelo conhecimento. E não me refiro apenas a dinheiro, mas também a notas, aprovação em concursos, aplausos dos professores, elogios dos pais e dos amigos. Tudo isso pode parecer inofensivo, mas não é. São fatores que têm o potencial de corroer a autonomia e, consequentemente, destruir a curiosidade e o interesse pela aprendizagem.

Mas, afinal, como conquistar autonomia em um modelo que controla todos os momentos de nossa vida? Como inserir a motivação intrínseca em um sistema de aprendizagem já viciado que, afinal de contas, cobra resultados?

Provavelmente, o ideal seria que você retomasse por completo o controle daquilo que você quer aprender, além de quando e como deseja fazer isso. No entanto, se você não está disposto a tomar uma decisão tão arriscada, tente retomar aos poucos o controle sobre sua vida.

Procure refletir sobre o sentido das atividades que realiza. Quando percebemos que aquilo que estamos fazendo tem um significado maior, a motivação intrínseca tende a aumentar. Por outro lado, a ausência de propósito tira o apetite de aprender. Portanto, o método mais simples de impulsionar a motivação intrínseca é realizar tarefas que tenham um propósito, gerem benefícios e se encaixem em projetos de longo prazo. Um exemplo pode ajudar a entender essa ideia na prática.

Quando meu filho mais novo tinha onze anos, precisou faltar quatro dias à escola por causa de uma virose. Como ele estava com dificuldades para aprender história, organizei com ele um roteiro de estudo sobre Roma Antiga. O material era bem variado, trazia vídeos, documentários, filmes e alguns textos. A tarefa seria igual a qualquer outra, mas propus um pequeno desafio: depois de ler o material e assistir aos vídeos que eu havia selecionado, ele teria que gravar a sua própria aula sobre o tema. Pedi para que levasse a sua criatividade ao limite. Ou seja, deixei-o bem à vontade e com plena liberdade para fazer como bem entendesse.

Ele passou dois dias coletando informações sobre Roma Antiga e mais dois planejando e produzindo o vídeo. Eu o ensinei a fazer mapas mentais e anotações que o ajudariam a montar o roteiro. O resto foi com ele. Na verdade, durante a maior parte do tempo, ele ficou sozinho, aprendendo por conta própria, mesmo sem nenhuma fiscalização. Pelo menos em relação ao momento da aprendizagem, a sua autonomia era plena.

No fim do quarto dia, todos nos reunimos para assistir à aula que ele havia gravado. O resultado foi fantástico. Uma aula de trinta minutos, com muito humor, muita música, sonoplastia e um conteúdo bastante acima do esperado para uma criança de onze anos.

Até hoje, passados alguns anos daquela atividade, ele ainda se recorda de boa parte do que aprendeu. E o mais interessante é que ele se tornou um verdadeiro aficionado de história. Ele dedica grande parte do seu tempo, inclusive períodos de lazer, ao consumo de conteúdo histórico.

Por saber que ele gostava de produzir vídeos e de extravasar a sua criatividade com humor e criando histórias, aproveitei isso como estímulo para o processo de aprendizagem. Não prometi nenhum tipo de prêmio nem castigo. O máximo que fiz foi orientar alguns passos para que ele pudesse usar a sua liberdade na direção certa. Ele desfrutou de cada etapa do processo, inclusive da coleta de informação, porque sabia que aquilo teria um propósito. Em vez de bloquear a mente, seu cérebro estava preparado para assimilar toda a informação que poderia ser útil para aquilo. A cada fonte consultada, novas ideias surgiam. O engajamento com o processo de aprendizagem, somado a algumas técnicas básicas de estudo e à existência de um propósito, resultou em excelência.

A estratégia de produzir um vídeo não funcionará para todo mundo do mesmo modo, pois nem todos se sentem motivados a produzir um vídeo. A ideia é apenas demonstrar que o propósito prático pode ter um impacto considerável na motivação e na efetividade da aprendizagem.

Brain Hack

No meu caso, o que costuma me estimular é a perspectiva de escrever um artigo, um post ou um livro sobre algo. Sempre que leio um livro de não ficção ou assisto a uma palestra, já tenho em mente algum uso possível para a informação que será assimilada. Isso torna o processo muito mais interessante e prazeroso, pois, em vez de ouvir a mensagem de forma aleatória, estabeleço um uso futuro para as informações que considero mais importantes. Com isso, o esforço para prestar atenção passa a fazer muito mais sentido.

Hoje, é relativamente fácil criar um blog, um canal no YouTube ou um perfil no Instagram que podem funcionar como ferramentas motivacionais no processo de aprendizagem.

Minha sugestão, portanto, é que seu processo de aprendizagem seja vinculado a algum tipo de projeto que dê sentido prático ao recebimento da informação. Produza conhecimento a partir do que você consumir. Compartilhe suas ideias. Crie oportunidades para que a sua mente esteja sempre buscando informações que possam ser utilizadas no seu processo criativo, de preferência visando ajudar os outros. Quando consumimos um material para elaborar algo que pode ajudar outras pessoas, a motivação intrínseca tende a aumentar de modo exponencial.

Como vimos, o modelo de aprendizagem tradicional é chamado *just-in--case*, quando o estudante recebe uma grande quantidade de informação sem saber exatamente o que fazer com isso. No máximo, espera que algumas sejam cobradas na prova. Depois, são jogadas no depósito das memórias inúteis e provavelmente serão esquecidas em um piscar de olhos.

O modelo abordado em meu relato sobre meu filho é a aprendizagem *just-in-time*, que segue o caminho inverso. O aprendiz estabelece um problema, um desafio ou um projeto e busca a informação em função disso. Tudo o que ele consome é no intuito de obter conhecimento para realizar o que foi proposto. Se deseja gravar um vídeo sobre Roma Antiga, tentará se cercar de informações que considera relevantes para cumprir a missão. O processo de recebimento da informação (input) passa a fazer muito mais sentido, tornando-se mais eficiente. Nesse modelo, não é a informação que chega de forma aleatória ao indivíduo, mas ele que chega à informação seguindo a sua curiosidade intelectual e visando a um contexto prático de aplicação. Mesmo que o objetivo seja fazer uma prova, a aprendizagem *just-in-case* tende a ser mais eficiente.

7

Ao longo de todo este capítulo, mostramos algumas ideias da ciência da motivação que podem ser bastante úteis para o processo de aprendizagem.

Os pontos centrais podem ser resumidos nos seguintes conselhos:

(a) Não oriente a sua aprendizagem em função de motivações extrínsecas, como prêmios ou sanções. Elas viciam, criam dependência, corroem a motivação intrínseca, reduzem a criatividade, estimulam desvios éticos, distorcem os propósitos da atividade, aumentam a ansiedade e podem até prejudicar a performance. Por isso, fuja delas mesmo quando parecerem sedutoras e inofensivas;

(b) O combustível da superaprendizagem é a motivação intrínseca, a decisão consciente de querer aprender pela satisfação da aprendizagem;

(c) A motivação intrínseca pressupõe autonomia, ou seja, a capacidade de tomar decisões e de exercer controle sobre a própria vida;

(d) Quanto mais escolhas realizamos, mais exercitamos o corpo estriado, uma área do cérebro que desempenha uma importante função no processo motivacional. Ali é onde o desejo é transformado em ação;

(e) Tomar decisões sobre o próprio processo de aprendizagem (o que, quando e como aprender) aumenta o compromisso de fazer a coisa dar certo, potencializando a motivação para seguir em frente. Quando temos o controle, tudo flui mais facilmente;

(f) As escolhas do conteúdo a ser consumido — livros, artigos, filmes, documentários, palestras, cursos etc. — têm o potencial de amplificar a conexão e o engajamento entre o aprendiz e o material de aprendizagem. Por isso, crie o hábito de explorar novos conteúdos;

(g) Por ser um caminho longo que envolve sacrifícios e demanda esforço contínuo e consistente, é essencial nunca perder de vista o propósito da aprendizagem. Quando não enxergamos sentido, a motivação desaparece;

(h) Criar propósitos nobres, como produzir conteúdo para se autoaprimorar e/ou ajudar outras pessoas, tende a ser um potente estimulante motivacional.

Todas as ideias citadas estão relacionadas à máxima "siga sua curiosidade", que é o princípio fundamental da superaprendizagem. À primeira vista, isso pode parecer uma mensagem vazia, mas ela orienta cada escolha que o aprendiz faz durante o processo, sobretudo na seleção, na organização e na priorização do material a ser consumido.

Quando o objeto da aprendizagem envolve um tema que está no radar de nossos interesses intelectuais, a motivação intrínseca tende a surgir de forma natural, pois é da natureza humana querer descobrir coisas novas e buscar respostas para questões que nos intrigam. A partir daí, basta manter a chama da curiosidade acesa para que a vontade de aprender nunca desapareça.

Mas como conseguir manter a chama da aprendizagem acesa se há tantas distrações nos incentivando a desviar do caminho? Como realizar escolhas intelectualmente saudáveis se há várias forças que nos levam à procrastinação? É o que se verá a seguir.

3. Configure suas escolhas

A excelência nunca é um acidente. É sempre resultado de alta intenção, esforço sincero, inteligência e execução; representa a escolha sábia entre muitas alternativas — a escolha, não o acaso, determina o seu destino.

Aristóteles

1

Se você está lendo este livro, provavelmente pretende se tornar um superaprendiz ou, pelo menos, adquirir conhecimento para alcançar a alta performance cognitiva. Nesse caso, eu tenho uma notícia boa e uma ruim. A ruim é que seu cérebro é preguiçoso. A boa é que podemos usar a preguiça a nosso favor.

Somos preguiçosos por uma necessidade biológica. Para sobreviver, gastamos muita energia. Qualquer desperdício pode significar a morte. Por isso, nossos corpos e nossas mentes estão programados para economizar. E um dos meios que desenvolvemos para esse fim é buscar a estabilidade e o conforto. O nome científico desse fenômeno é homeostase. A preguiça não é um defeito congênito nem uma falha de caráter, mas um maximizador eficiente da homeostase.

A ideia de que somos programados para seguir a lei do mínimo esforço rendeu a Daniel Kahneman o prêmio Nobel de economia em 2002. Para ele, nosso cérebro processa informações em dois níveis: um inconsciente ou automático, chamado sistema 1; e um consciente ou reflexivo, chamado sistema 2.[1] A maior parte das decisões diárias é processada no sistema 1. Esse é o nosso padrão, pois é o modo mais econômico e funciona relativamente bem em situações cotidianas.

Uma das razões para a predominância desse sistema deriva da própria capacidade de processamento de informações. Através de imagens, sons, cheiros etc., o cérebro recebe cerca de 11 milhões de bits de informação por segundo. No entanto, a nossa capacidade de processar dados de forma consciente é de apenas quarenta bits por segundo, o que significa que 99,999996% das informações que recebemos são processadas de modo inconsciente. No entanto, elas nos afetam mesmo sem termos a percepção disso. Nossas ações, nossos sentimentos e nossas decisões são formados em grande parte por fatores que estão fora do radar da nossa consciência.

Se esses números não dizem muita coisa, basta imaginar a quantidade de escolhas que fazemos ao dirigir. Temos que nos preocupar com detalhes como acelerar, frear, virar, olhar para os lados, ligar a seta e o pisca-alerta, desviar de buracos, diminuir a velocidade no sinal, ter cuidado com os pedestres e com os outros veículos etc. Se fizéssemos todas essas escolhas de modo consciente, o processo seria extremamente exaustivo e muito mais lento. É por isso que, em geral, quem toma essas decisões é o sistema automático. Quando ele assume o controle, as resoluções são mais rápidas e o gasto de energia é muito menor. Por isso conseguimos relaxar, ouvir música ou conversar enquanto dirigimos.

A lógica do sistema automático é a das heurísticas, que são linhas de ação ou atalhos mentais desenvolvidos a partir de experiências que indicam que rumo tomar ou evitar em determinadas situações. Por exemplo, os atalhos mentais ao dirigir seriam mais ou menos estes: desviar ao avistar um buraco; frear quando o sinal estiver vermelho; acelerar se a pista estiver livre etc. Eles funcionam bem na maioria das vezes, ainda que possamos não ter visto um buraco ou uma lombada. É por isso que costumamos confiar em nosso sistema automático em situações rotineiras.

Como não temos pleno controle de muitas de nossas escolhas, deixamos que o sistema automático decida por nós, pois sabemos que será capaz de cumprir sua missão a contento. Sua eficiência está justamente nos atalhos mentais desenvolvidos para economizar tempo, energia e trabalho. É a lei do mínimo esforço em ação. A tendência é que, caso exista mais de uma linha de ação, o nosso inconsciente irá optar pelo caminho mais fácil, tentando consumir o mínimo de energia possível. Em outras palavras, estamos inclinados, mesmo sem querer, à distração e ao ócio. A preguiça mental é, de fato, nosso modo-padrão.

Afinal, como isso pode ser útil para a aprendizagem? Como tirar proveito de uma situação em que o nosso cérebro está programado para fugir de tarefas que gerem esforço cognitivo?

2

Para perceber como é possível usar a preguiça a nosso favor, basta comparar dois modelos de política de doação de órgãos: o dinamarquês e o austríaco. 91,9% dos dinamarqueses são a favor da doação de órgãos, e 82,1% estariam dispostos a se registrar para isso. Apesar da opinião pública favorável, o país tem um dos piores índices da Europa, com apenas 4,25% da população registrada como doador. Por outro lado, apenas 33% dos austríacos manifestaram interesse em doar seus órgãos. Ainda assim, 99,75% estão registrados como doadores, sendo um dos melhores índices da Europa. Como explicar esse fenômeno, considerando que em ambos os países a decisão é pessoal e voluntária?

A resposta tem pouco a ver com solidariedade. É apenas uma questão de como cada país lida com o processo de escolha. Existem dois modelos para definir se uma pessoa será ou não tratada como doadora de órgão: o modelo *opt-in* e o *opt-out*. A Dinamarca adota o *opt-in*. Se um dinamarquês quer ser tratado como doador pelo governo, deve preencher um formulário indicando a sua opção e enviá-lo para um órgão oficial. Se não o fizer, o governo assume que ele não é doador. Já a Áustria adota desde 1992 o modelo *opt-out*, em que o governo assume que todos são potenciais doadores. Caso algum austríaco não queira ser tratado como tal, basta enviar um formulário indicando a opção.[2]

Como os modelos *opt-in* dependem do cidadão se manifestar para participar, é comum que existam campanhas de convencimento, o que não ocorre em países que adotam o *opt-out*. Talvez isso explique a diferença entre a opinião pública dos dois países. Se tivermos em mente o pressuposto de que o cérebro humano tende a buscar o caminho mais fácil, já sabemos o que a maioria dos cidadãos desses países faz: nada. Por isso dinamarqueses que gostariam de ser doadores *não* são, enquanto austríacos que não gostariam de ser são.

Os pesquisadores Cass Sunstein e Richard Thaler criaram a expressão "arquitetura de escolhas" para se referir à habilidade de projetar modelos decisórios que privilegiem a decisão almejada.[3] Uma simples mudança no formato pode alterar de maneira substancial o resultado, como bem ilustra esse exemplo. Assim, apesar de haver questionamentos políticos e morais, se o objetivo é aumentar a quantidade de doadores de órgãos, o *opt-out* é mais eficiente exatamente por conta da preguiça mental e da lei do mínimo esforço.

É possível aproveitar isso na aprendizagem. Basta arquitetar nossas escolhas, inserindo *nudges* — pequenos incentivos que podem influenciar o processo de tomada de decisões — que facilitem o acesso aos objetivos que desejamos alcançar.

Por exemplo, em um estudo realizado em uma escola pública de Nova York, a compra de comidas saudáveis aumentou 18%, enquanto o consumo de alimentos não saudáveis reduziu 28%, quando os produtos saudáveis foram expostos na parte mais visível da prateleira e de mais fácil acesso.[4] Essa lógica pode ser adaptada para a vida intelectual com o uso de *nudges* de aprendizagem, um conceito muito poderoso que parte do pressuposto de que a aprendizagem requer esforço e, portanto, o nosso piloto automático fugirá dela. Como não podemos lutar contra isso, o melhor que podemos fazer é organizar nossas "estantes mentais" de modo a dificultar o acesso a um material de baixa qualidade e facilitar a seleção de conteúdos capazes de gerar aprendizagem, nos levando para a direção almejada.

3

Como disse o escritor americano Alvin Toffler, ou você tem uma estratégia própria ou é parte da estratégia de alguém. Assim, para manter a autonomia, é necessário reassumir o controle de suas escolhas.

O primeiro passo é aprender a se proteger da manipulação de grandes corporações da tecnologia. Elas atuam em um campo denominado economia da atenção, competindo para capturar o máximo de atenção possível de seus usuários. Assim, quanto mais tempo você passa olhando o Instagram ou o WhatsApp, mais lucro está transferindo para essas empresas.

É fácil cair nas armadilhas projetadas por elas, pois o jogo é desleal. Elas investem bilhões para descobrir formas de controlar nossas decisões e nos induzir a fazer o que querem. Muitas das mentes mais brilhantes do planeta trabalham para essas companhias, usando conhecimento de ponta, uma quantidade enorme de dados e sofisticados modelos matemáticos para prever, monitorar e direcionar o comportamento humano.

Isso costuma ocorrer por meio de gatilhos mentais embutidos nos produtos que elas desenvolvem. Notificações ou alertas sonoros para novas mensagens não são simples avisos despretensiosos. O design é meticulosamente pensado para incluir *nudges de distração*, que as empresas utilizam como forma de fazer o usuário focar sua atenção em seus produtos.

Você já deve ter percebido que várias ferramentas de streaming de vídeos, como Netflix ou YouTube, utilizam um modo-padrão de exibição de seu conteúdo. Quando um vídeo acaba, aparece um cronômetro informando que, em alguns segundos, o próximo será iniciado de forma automática. É um arranjo decisório que segue o modelo *opt-out*. Os usuários que não desejarem continuar devem clicar em um botão. Se não fizerem nada, a programação continuará de maneira ininterrupta. É uma estratégia poderosíssima que a indústria da atenção utiliza para se aproveitar da nossa preguiça mental.

Estudos demonstram que cerca de 80% do conteúdo que consumimos na internet são gerados por escolhas orientadas pelos algoritmos. Somos inundados com *nudges* de distração, que já estão previamente configurados em nossas máquinas. E como a nossa tendência é segui-los, acabamos passando horas consumindo um material que não é capaz de gerar nenhum tipo de ganho cognitivo.

> **Brain Hack**
>
> Há um movimento chamado Time Well Spent [Tempo Bem Aproveitado] que procura conscientizar as pessoas a respeito dos problemas causados pela indústria da atenção. Vale a pena assistir ao vídeo produzido pelo designer Max Stossel, *This Panda Is Dancing: Time Well Spent* [Este panda está dançando: Tempo Bem Aproveitado], no YouTube.

O movimento foi idealizado pelo Centro de Tecnologia Humana, formado por um grupo de empresários e profissionais que trabalham com tecnologia e que, portanto, entendem bastante bem o que está por trás das técnicas usadas pelas empresas com o intuito de capturar nossas mentes. Em seu site, há várias dicas interessantes para diminuir os impactos negativos da indústria da atenção:

1) Retome o controle de seu celular, alterando as configurações projetadas para capturar a sua atenção;

2) Desligue todas as notificações, avisos ou alertas, visuais ou sonoros, exceto de pessoas;

3) Prefira usar tons de cinza na tela, evitando estímulos que chamam a atenção e incentivam de forma inconsciente o uso exagerado;

4) Caso não conseguir se acostumar com os tons de cinza, tente pelo menos escolher protetores de tela com menos cores e menos chamativos;

5) Na tela principal, coloque apenas aplicativos úteis. Mantenha distrações longe de seu campo de visão;

6) Evite incluir ícones de aplicativos de distração. Se quiser usá-los, use o sistema de busca;

7) Carregue o celular longe da cama. Evite usar o alarme do aparelho para acordar;

8) Remova aplicativos de redes sociais e use-as de modo minimalista;

9) Prefira enviar mensagens de áudio às de texto. Dê mais calor humano às comunicações;

10) Teste aplicativos que ajudam a vencer a distração, como bloqueadores temporários de uso (ClearLock, Forest, Leechblock). Há também uma função específica nos smartphones chamada "modo não perturbe", que pode ser programado para ativar nas horas mais produtivas.

Embora seja muito difícil vencer todas as distrações geradas pela indústria da atenção, existem algumas estratégias para minimizar o impacto negativo.

A mais radical é o *minimalismo digital*. A ideia é abandonar todas as redes sociais e todos os aplicativos que podem gerar distração improdutiva. Cal Newport, um dos adeptos da proposta, crê ser possível ter uma vida normal — com amigos, entretenimento e oportunidades de trabalho — sem estar conectado a uma rede social. E ele vai mais longe: também acredita que as pessoas viveriam muito melhor — do ponto de vista afetivo, intelectual e profissional — se as abandonassem de vez. Para ele, a indústria da atenção utiliza técnicas de controle da mente que viciam os usuários, forçando-os a desperdiçar cada vez mais foco, tempo e energia mental em distrações improdutivas. Newport faz uma analogia entre os produtos que essas empresas desenvolvem e as máquinas caça-níqueis. Para ele, ambos seguem os mesmos princípios de persuasão para viciar o usuário. A diferença é que, no caso dos primeiros, o que é capturado não é nosso dinheiro, mas nosso tempo.[5]

Uma solução menos extrema é estabelecer blocos de desconexão temporária, que pode durar algumas horas, alguns dias ou até algumas semanas. Bill Gates, por exemplo, costuma reservar pelo menos dez dias por ano para ficar completamente desconectado, realizando um detox digital. Nesse período, ele procura realizar atividades que não exijam o uso de equipamentos tecnológicos, como ler livros, aproveitar a natureza e aprender coisas novas. Outra opção é fazer isso num dia específico da semana e/ou durante momentos de pico cognitivo — o horário nobre biológico, um conceito que será explorado mais à frente.

Mas há ainda uma terceira solução. É possível reconfigurar a vida digital de modo a tentar eliminar o máximo de *nudges* de distração e, ao mesmo tempo, criar alguns *nudges* de aprendizagem, que podem impulsionar o consumo de conteúdo inteligente. É possível adotar essa solução e, simultaneamente, seguir, em maior ou menor intensidade, o caminho do minimalismo digital.

4

Apesar de ter vários méritos, hoje é muito difícil colocar em prática o minimalismo digital, pois a vida social está cada vez mais dependente da internet. Além disso, ele não dá o devido valor às potencialidades que as ferramentas tecnológicas podem gerar para o processo de aprendizagem. Mesmo produtos da indústria da atenção podem se tornar aliados se forem usados com sabedoria. Se formos capazes de vencer os *nudges* de distração e substituí-los pelos de aprendizagem, podemos transformar a vida digital em um espaço de desenvolvimento cognitivo privilegiado.

Para vencer os *nudges* de distração, temos que partir do pressuposto de que todas as redes sociais estão previamente configuradas para capturar a nossa atenção de modo destrutivo. Por isso, o primeiro passo é nunca aceitar de forma passiva a configuração padrão.

Um exemplo disso é a página inicial do YouTube quando o acessamos pela primeira vez, que traz várias sugestões de vídeos irresistíveis — de humor, política, música, esporte, entretenimento em geral — baseadas nas preferências de outros usuários. O problema é que esses vídeos são indicados pelos próprios algoritmos, que utilizam fórmulas cada vez mais sofisticadas para descobrir o que captura mais a atenção. Em geral, instigam emoções negativas, inclusive o medo, a raiva e a inveja. Assim, quem acessa o Youtube e não muda a configuração predefinida está sujeito a *nudges* de distração muitíssimo eficientes e provavelmente será atraído pelo ímã da improdutividade. No final, acabará esgotando uma grande parte de seus recursos mentais e de seu tempo com esses vídeos.

É por isso que os adeptos do minimalismo digital têm uma boa dose de razão quando defendem que as redes sociais tendem a fazer mais mal do que bem. Sem dúvida, o uso compulsivo e prolongado de material pobre é um desperdício irrecuperável de tempo, atenção e energia, além de ter o potencial de causar danos ainda mais sérios na estrutura do cérebro provocados pela neuroplasticidade. Para se adaptar aos estímulos multivariados da indústria da atenção, o cérebro tenderá a perder a capacidade de manter o foco em uma única tarefa por muito tempo, prejudicando o desenvolvimento de habilidades básicas para a aprendizagem profunda.

Ainda assim, é importante lembrar que há muito conteúdo na internet que pode contribuir para o desenvolvimento cognitivo. Por exemplo, o TED Talk do Cal Newport que eu citei, chamado "Quit Social Media", está disponível no YouTube. Desse modo, o ideal é encontrar uma fórmula para que possamos aproveitar o que a internet tem de bom sem correr o risco de cair no poço da distração.

> **Brain Hack**
>
> O propósito dos *nudges* de aprendizagem é configurar a vida, inclusive a digital, em prol do desenvolvimento cognitivo. Para isso, há duas orientações básicas: dificultar o acesso ao conhecimento de baixa qualidade e facilitar o contato com conhecimento de alta qualidade. Ao longo deste capítulo, há várias dicas para pôr isso em prática. Aqui temos uma bem simples: otimize a "barra de favoritos" de seu navegador. Para isso, coloque sites que impulsionam a produtividade na parte mais visível da aba, enquanto os de "distração" ficam em pastas mais escondidas, evitando que sejam acessadas toda hora. Assim, você terá uma página inicial só com produtos que considera valiosos.

Uma simples mudança de configuração pode minimizar a influência de gatilhos, proporcionando uma experiência digital mais produtiva e rica intelectualmente. Em vez de ser manipulado pelos algoritmos, você sinaliza os estímulos que quer receber. Um modo simples de fazer isso é seguir canais com conteúdo de qualidade, deixando de lado o que não gera ganho cognitivo. Quando você curte um canal ou um vídeo produtivo, outros semelhantes irão aparecer como sugestão.

Em contrapartida, evite ao máximo seguir material pobre em termos intelectuais, pois o algoritmo interpretará a sua escolha como uma preferência, sugerindo outros canais e vídeos semelhantes e gerando *nudges* de distração. Por isso, mesmo que você eventualmente tenha gostado de um vídeo de um ursinho dançando, evite curti-lo ou compartilhá-lo, por mais divertido que seja. Mostre que você prefere receber *nudges* de aprendizagem.

Entenda que o propósito não é obrigar ninguém a consumir apenas material instrutivo ou proibir "bobagens", mas estimular o nosso inconsciente a optar por conteúdo de qualidade. O objetivo principal dos *nudges* de aprendizagem é oferecer sinais ou gatilhos mentais que facilitem nossas escolhas inconscientes em favor da aprendizagem. Quando um vídeo instrutivo surge no quadro de sugestões do YouTube, nosso inconsciente é incentivado a seguir aquele caminho. Para que isso ocorra, o algoritmo precisa saber que queremos esse tipo de empurrãozinho.

> **Brain Hack**
>
> Naqueles momentos em que o foco máximo é exigido, o ideal é se desligar completamente das redes sociais, mantendo o celular longe da área de aprendizagem e eliminando tudo o que possa gerar distração.
>
> Já em outros momentos, as redes sociais podem ter alguma utilidade. Mas, para isso, é importante que você configure seus aplicativos (Facebook, Instagram, YouTube, Twitter etc.) para que se tornem aliados do desenvolvimento intelectual. Procure também utilizar redes sociais que tenham mais conteúdo intelectual e acadêmico, como Quora, Goodreads, Academia ou Medium.

Em alguns momentos, iremos desejar consumir material de baixa qualidade, o que é bastante normal. Não devemos nos sentir culpados por gostar de vídeos engraçados, mas devemos saber que esses conteúdos foram projetados para nos distrair. Quanto menos estiverem no nosso campo de visão, melhor.

O importante é ter consciência de que nossos cérebros são moldados por todos os estímulos que recebemos. O que seguimos, curtimos ou compartilhamos na internet afeta as nossas vidas muito mais do que podemos imaginar. Por isso, é melhor selecioná-los com cuidado.

5

Em 2012, pesquisadores da Universidade Cornell conduziram um experimento impressionante com o apoio do Facebook.[6] Eles selecionaram aleatoriamente 689003 usuários de língua inglesa da rede social e manipularam sem que soubessem as mensagens que apareceriam nos seus feeds de notícias por uma semana. Um grupo recebeu textos com um conteúdo emocional positivo, enquanto o outro teve mensagens mais negativas.

Em seguida, os pesquisadores acompanharam por três dias posts e comentários escritos pelos próprios usuários, medindo o nível emocional das palavras utilizadas. A ideia era saber se haveria um contágio emocional — ou seja, se a exposição a mais mensagens negativas geraria textos mais negativos, e vice-versa. O resultado indicou que isso havia ocorrido, ainda que de modo bastante sutil.

Não é minha intenção discutir a questão ética da metodologia aplicada, na qual usuários do Facebook foram manipulados sem saber e sem dar seu consentimento explícito. O aspecto intrigante é o resultado em si, que reforça a hipótese de que nossas emoções, atitudes e comportamentos podem ser influenciados, inclusive de modo inconsciente, por fatores ambientais que não controlamos.

Em tempos de hiperconexão, é cada vez mais importante perceber que a vida é afetada por nossos hábitos, inclusive os mais inofensivos. Não importa se é uma simples curtida, tudo é capaz de moldar a nossa mente com mais intensidade do que podemos imaginar. E o mais intrigante é que não controlamos grande parte do conteúdo que recebemos por conta dos algoritmos. Tudo o que fazemos no mundo digital — o que acessamos, curtimos, compartilhamos, comentamos, seguimos e deixamos de seguir — diz muito sobre nós mesmos.

Empresas de recursos humanos já estão desenvolvendo algoritmos para aplicar as mesmas ideias ao processo de recrutamento de novos empregados. Elas conseguem identificar quais candidatos possuem maior capacidade de liderança, inteligência social e emocional, habilidade de trabalhar em equipe, criatividade etc. apenas ao comparar os perfis nas redes sociais.

Como explica Yuval Noah Harari, nós nos tornamos animais hackeáveis. A tecnologia disponível hoje é capaz de descobrir com um nível de precisão impressionante o que pensamos, sentimos e iremos fazer. Algoritmos poderosíssimos conseguem captar os rastros digitais, biológicos e sociais que deixamos ao longo do caminho e são capazes de prever o que se passa na nossa cabeça e como iremos nos comportar antes mesmo que tenhamos consciência disso.

Quando deixamos pistas sobre o tipo de atividade que realizamos e qual conteúdo consumimos, já estamos sinalizando para o mundo quem queremos ser. A partir disso, outras pessoas com os mesmos interesses podem se aproximar, se conectar e compartilhar informações, e os algoritmos podem identificar nossas preferências e nossos objetivos, enviando cada vez mais conteúdo ligado a esse perfil. A nossa rede de conhecimento e de influência tenderá a se expandir na mesma direção. E assim o desenvolvimento cognitivo ocorrerá naturalmente.

6

Você acaba de ganhar 3 milhões de reais na loteria e resolve investir no mercado de ações. O seu corretor de confiança apresentou seis opções igualmente promissoras. Tudo o que você tem de fazer é indicar as três que mais lhe agradam. No entanto, você não tem nenhuma informação extra sobre as empresas, o único dado que possui são as siglas utilizadas para atuar no mercado. Entre as opções abaixo, escolha três empresas para investir:

Hillard	**Creaumy**	**Barnings**
OPÇÃO 1	OPÇÃO 2	OPÇÃO 3
Yolumnix	**Xagibdan**	**Andderly**
OPÇÃO 4	OPÇÃO 5	OPÇÃO 6

Quais você escolheu?

Se o meu algoritmo de previsões estiver correto, eu diria que foram as opções 1, 3 e 6, ou algo bem próximo disso. Acertei? Essa seria a escolha da maioria das pessoas, pelo menos para falantes de inglês, de acordo com um estudo feito por Adam Alter e David Oppenheimer. Eles fizeram simulações semelhantes e perceberam que as pessoas costumam preferir empresas com nomes mais fáceis de pronunciar.[7]

Aliás, não é apenas em um ambiente simulado que isso ocorre. Os mesmos pesquisadores analisaram o desempenho de 89 empresas que lançaram ações na Bolsa de Valores de Nova York entre 1990 e 2004, escolhidas de modo aleatório, e perceberam que aquelas com nomes mais fáceis tiveram um desempenho melhor. O efeito diminui ao longo do tempo, mas, a curto prazo, o valor inicial das ações tendia a ser maior.

A explicação para isso se baseia em um efeito conhecido como "heurística da familiaridade". Em situações de risco e incerteza, costumamos preferir coisas mais familiares ou que vivenciamos com mais frequência. Esse é mais um exemplo da lei do menor esforço. Diante de situações novas, em que não há associações automáticas preestabelecidas, nosso cérebro preguiçoso prefere escolher um caminho já conhecido.

A biologia também indica que, diante de situações de risco, ativamos automaticamente determinados mecanismos de defesa. Medo, aversão e desconfiança são alertas instintivos, desenhados pela evolução para aumentar nossas chances de sobrevivência em um mundo cercado de perigos. Por outro lado, quando estamos diante de situações conhecidas, são acionadas as áreas do cérebro relacionadas a conforto, prazer e segurança.

A familiaridade é uma das heurísticas ou atalhos mentais mais poderosos que o nosso sistema automático utiliza para montar uma rede de preferências e orientar as nossas escolhas. Diante de um cardápio com opções conhecidas e outras completamente estranhas, escolheremos na maioria das vezes a alternativa mais familiar.

A mesma lógica se aplica a vários campos. Por exemplo, diversos estudos realizados com aparelhos de ressonância magnética demonstram que as regiões do cérebro relacionadas às emoções, ao prazer e à recompensa ficam significativamente mais ativas quando ouvimos uma canção conhecida se comparado a uma que nunca ouvimos. Em geral, só passamos a gostar de uma música depois de ouvi-la algumas vezes.[8]

Isso já seria um bom motivo para viver em um ambiente cercado de inteligência. Afinal, seguindo essa lógica, a tendência é que ocorra uma atração gradual por conteúdo inteligente apenas pelo fato de estarmos constantemente expostos a ele. A lógica estaria correta se não fosse por um detalhe. Se a experiência for negativa, pode ter o efeito contrário. Se você detesta um estilo musical, dificilmente passará a gostar apenas por ser exposto a sessões prolongadas da mesma música. É por isso que não importa a quantidade de horas dedicadas a aulas chatas ou à leitura de material didático imposto pelos professores, ainda assim um aluno pode não gostar de ciências, história ou qualquer outra disciplina.

A ideia de se cercar de inteligência só será bem-sucedida se houver uma predisposição mental para receber o conteúdo. Para isso, é importante que os primeiros contatos tenham sido positivos ou pelo menos neutros. Se tivermos uma primeira experiência muito negativa, a tendência é que se mantenha a impressão, o que faria a rejeição aumentar.

Uma forma de criar conexões positivas com o material de aprendizagem é consumir nas horas de lazer um conteúdo mais leve e de qualidade que gere estímulos mentais agradáveis. Filmes, séries, documentários, podcasts ou mesmo vídeos do YouTube podem cumprir esse papel, funcionando como verdadeiras fontes de aprendizagem. É o que costumo chamar de lazer intelectual, que é uma parte muito importante da superaprendizagem. Em primeiro lugar, é um produto abundante na economia da atenção. Por mais que a indústria do entretenimento produza muita coisa de baixíssima qualidade intelectual, ainda há um investimento considerável em conteúdo com potencial de estimular o cérebro. Assim, é fácil descobrir fontes valiosas para os mais variados gostos.

Além disso, por ser leve e agradável, o lazer intelectual pode ser consumido por mais tempo do que materiais didáticos tradicionais. Ao contrário de leituras mais densas, que esgotam a nossa capacidade mental em minutos, o lazer intelectual pode ser relaxante para o cérebro, pois, para consumi-lo, não há necessidade de usar tanta energia mental.

No entanto, aqui é preciso ter cuidado, pois o objetivo do lazer intelectual não é substituir o material mais denso nem a aprendizagem focada, mas apenas ativar a curiosidade intelectual e ocupar o tempo livre com conteúdo intelectualmente valioso que gere familiaridade, interesse e conexão.

Brain Hack

Um grande volume do nosso tempo é desperdiçado em atividades que não geram nenhum benefício intelectual, como ficar em filas ou no trânsito. Uma forma de ocupar esse período de modo produtivo é ouvir podcasts, audiobooks ou audiocursos. Ao ser tratado como lazer intelectual, esse tipo de conteúdo pode servir de apoio para o processo de aprendizagem. Eis algumas dicas práticas para otimizar esse processo:

1) Selecione material de qualidade na sua área de interesse. Conteúdo medíocre não é apenas perda de tempo, como pode também ser um retrocesso e um risco para a aprendizagem;

2) Evite consumir material denso demais. O ideal é que o conteúdo seja leve, agradável e elaborado para ser ouvido. Conteúdo de qualidade não precisa ser sério ou difícil para trazer benefícios;

3) Aulas e palestras não são boas opções, pois não foram feitas para serem ouvidas durante o deslocamento;

4) Não se preocupe se tiver dificuldade de conseguir ouvir o material no início, pois é mesmo difícil ocupar a mente enquanto realiza outra atividade, como caminhar ou dirigir. Essa é uma mudança de hábito que pode exigir tempo para ser assimilada.

O segredo é saber ocupar o tempo com inteligência. O nosso desenvolvimento intelectual depende tanto do que fazemos ao estudar quanto durante períodos ociosos. Os principais estímulos para moldar nossa mente não virão de livros ou de salas de aula, mas do ambiente social em que estamos inseridos.

Se soubermos tirar proveito do lazer intelectual, a aprendizagem ocorrerá de forma muito mais leve, eficiente e prazerosa.

7

O concurso público para o cargo de juiz federal é considerado um dos mais difíceis do Brasil. Quando o realizei em 2001 havia mais de 5 mil candidatos, e apenas dezesseis foram aprovados. Para se ter uma ideia da dificuldade, o concurso era dividido em seis fases eliminatórias e incluía testes com questões objetivas, subjetivas, redação de sentença, dissertação, prova oral e títulos. A primeira etapa ocorreu em 1999 e a última só foi concluída em 2001.

Um dos meus maiores receios era a prova de dissertação, pois eu teria que escrever dez páginas sobre um tópico de direito penal definido pelos membros da banca. Como meu conhecimento da área não era tão avançado, seria praticamente impossível conseguir obter a qualidade mínima para ser aprovado. O tema foi "consentimento do ofendido no direito penal", um assunto bem específico, difícil e pouco estudado. Na verdade, os manuais de direito penal costumam reservar no máximo cinco linhas para tratar desse ponto. E como o que eu sabia se resumia ao estudo desses manuais, teria que transformar essas poucas linhas mal lidas em dez páginas de alta qualidade.

O que fiz foi tentar estruturar as ideias da melhor forma possível e usar muitos exemplos que me vieram à mente graças ao acervo de informações adquiridas em lazer intelectual. Lembrei-me de casos que envolviam aborto consentido, eutanásia voluntária, esportes violentos, entre outros em que o consentimento da vítima poderia ter reflexos no direito penal. Explorei ao máximo minhas capacidades criativas para construir um texto que fosse envolvente e bem escrito. Como resultado, tirei a segunda maior nota.

Conto esse exemplo particular para ilustrar outra qualidade do lazer intelectual. Ele aumenta a bagagem cultural, amplia horizontes e aprimora algumas habilidades que o material didático tradicional não consegue alcançar. Quando consumimos conteúdo de qualidade por prazer com a mente da superaprendizagem, conseguimos construir uma rede de conhecimento que cresce a partir da chamada *polinização cruzada* — a associação de várias ideias de campos diferentes que podem se relacionar entre si em um nível fundamental.

O consumo consciente de lazer intelectual é um mecanismo poderoso que permite desenvolver a habilidade de associar ideias que vão além do óbvio. Na verdade, as principais habilidades para evoluir não são aprendidas apenas com a leitura de livros ou com o consumo passivo de aulas. Pensamento crítico, raciocínio lógico, conexão e estruturação de ideias, metalinguagem, compreensão e solução de problemas, interpretação profunda, argumentação e estilo de linguagem, criatividade, imaginação etc. são habilidades essenciais para um alto desempenho em qualquer área do conhecimento e dependem de um conjunto de atividades que precisam ser praticadas, vividas e aprimoradas constantemente.

Essas habilidades devem ser desenvolvidas durante a interação ativa proporcionada pelo ambiente social. O que aprendemos quando resolvemos problemas, a cultura recebida através de uma rede de conhecimento crescente, as práticas de comunicação que aprimoramos toda vez que interagimos com outras pessoas, tudo isso pode contribuir para o desenvolvimento de capacidades instrumentais, e farão uma grande diferença no futuro.

> **Brain Hack**
>
> A aprendizagem tradicional é primordialmente focada na aquisição de conhecimento, sem dar a devida atenção às habilidades essenciais para se adaptar a um mundo em constante mudança. Se você deseja assumir as rédeas de sua própria aprendizagem, prepare-se para desenvolver algumas destas habilidades:
>
> (a) Habilidades comunicacionais: persuasão, argumentação, retórica, oratória, estilo de linguagem, apresentação em público, carisma;
>
> (b) Capacidades críticas: pensamento crítico, metalinguagem, raciocínio lógico, raciocínio lateral (elástico), lógica informal, falácias, vieses cognitivos, leitura crítica e ativa, associação de ideias (pensamento cruzado);

(c) Habilidades criativas: inovação, solução de problemas, pensamento lateral, design, *storytelling*, performance artística, produção de vídeo;

(d) Habilidades colaborativas: negociação, trabalho em equipe, aprendizagem colaborativa, compartilhamento de ideias, altruísmo, liderança;

(e) Capacidades pessoais: meta-aprendizagem, motivação, organização, planejamento, autocontrole, inteligência emocional e social, formação de hábitos, aprimoramento pessoal, gestão do tempo e da atenção, meditação e atenção plena, biofeedback.

Desse modo, devemos ser muito criteriosos quanto à forma como organizamos nossas vidas, utilizamos o nosso tempo e priorizamos a nossa atenção. O processo de aprendizagem não se resume a aplicar métodos eficientes de estudo, a ler livros de qualidade ou a assistir às melhores aulas. É um estilo de vida capaz de criar oportunidades para o desenvolvimento ocorrer em suas várias dimensões.

Pequenos hábitos como ouvir podcasts de qualidade no carro, assistir a documentários, TED Talks ou filmes inteligentes, tocar instrumentos musicais, desenhar, pintar, jogar xadrez e outros jogos intelectuais, aprender novas línguas, lutar artes marciais, participar de grupos de pesquisa e debates, de blogs ou fóruns de discussão, escrever e memorizar poesias etc. podem ter um peso muito maior no desenvolvimento intelectual do que ler manuais ou assistir a aulas.

E aqui podemos ir além do conteúdo mais tradicional. Até mesmo mangás, quadrinhos, livros de fantasia, jogos de RPG e de tabuleiro são alguns exemplos de lazer intelectual consumidos pelas novas gerações que merecem ser valorizados pelo seu potencial de ampliar as capacidades cognitivas.

O desafio é conseguir conciliar esse estilo de vida com os outros compromissos cotidianos. Afinal, o dia só tem 24 horas. Mesmo que as nossas vidas sejam configuradas em prol da aprendizagem, há um limite natural que não podemos ultrapassar.

4. Configure seu tempo

Reclama o direito de dispores de ti, concentra e aproveita todo o tempo
que até agora te era roubado, te era subtraído, que te fugia das mãos.
Sêneca

1

O que diferencia os bons dos excelentes não é necessariamente um talento natural ou um dom divino, mas o tempo de dedicação à aprendizagem efetiva. Como vimos, os que alcançam o topo são aqueles que têm, em média, mais de 10 mil horas acumuladas de prática deliberada e foco intenso alicerçados nos melhores métodos disponíveis e direcionados ao constante aprimoramento.

Hoje, sabe-se que esse princípio pode ser generalizado e aplicado quase universalmente, como na dança, no xadrez ou no golfe. Ou seja, não existe nenhum atalho que leve à excelência senão o treino focado, engajado e planejado e que demande um tempo considerável. Mas há um detalhe que está encoberto por essa fórmula. Sem um bom sistema de gestão de tempo, ninguém consegue manter uma rotina capaz de harmonizar as exigências da vida com os milhares de horas necessários para a aprendizagem eficiente. Não basta duplicar ou triplicar as horas diárias de prática, até porque isso é fisiologicamente contraprodutivo. Quando o corpo e a mente atingem a capacidade máxima, qualquer atividade mais intensa só tende a ser prejudicial, podendo levar à exaustão.

No estudo de Anders Ericsson que inspirou Malcolm Gladwell a desenvolver a regra das 10 mil horas, nenhum violinista de alto nível costumava dedicar mais de quatro horas diárias ao treinamento intenso. Eles procuravam respeitar os limites, as condições e as possibilidades de seus corpos e de suas mentes e organizavam sua agenda de modo a garantir um equilíbrio entre prática e descanso. Além disso, tinham uma boa noção, ainda que de modo intuitivo, do conceito de "custo de oportunidade".

Saber usar o tempo com sabedoria é um pressuposto fundamental da superaprendizagem. Neste capítulo, você aprenderá como fazer isso.

2

Em 2015, pesquisadores da Universidade Harvard publicaram um estudo intitulado "Opportunity Costs of Ambulatory Medical Care in the United States" [Custos de oportunidade do cuidado ambulatorial nos Estados Unidos], em que analisavam o tempo utilizado pelos cidadãos americanos em consultas médicas.[1] Demonstrou-se que um cidadão americano que precisa de uma consulta médica leva, em média, 121 minutos para concluir todo o procedimento. Desse total, apenas vinte minutos são efetivamente gastos na consulta. O tempo restante é destinado a deslocamento (37 minutos) e espera (64 minutos). Ou seja, 101 minutos são gastos em atividades sem utilidade intrínseca.

Nessa mesma pesquisa, calculou-se que o custo individual desse tempo desperdiçado seria de aproximadamente 43 dólares. Se esse valor fosse contabilizado em escala nacional com base nos dados de 2010, o prejuízo total compartilhado por toda a sociedade seria de aproximadamente 52 bilhões de dólares.

Esse estudo buscou analisar o custo do tempo gasto apenas na dimensão econômica, dentro da lógica de que "tempo é dinheiro". Mesmo que se considere que esse tipo de abordagem é reducionista, a ideia central parece válida: o desperdício de tempo, mesmo em situações banais e corriqueiras, acarreta prejuízos que podem parecer irrisórios à primeira vista, mas, quando analisados de forma cumulativa e global, podem representar perdas consideráveis.

Essa dimensão econômica do tempo está relacionada àquilo que os economistas chamam de custo de oportunidade, que nada mais é do que o valor de uma escolha em contexto de escassez. Ou seja, o custo de oportunidade de um item é aquilo de que você abre mão para obtê-lo (Mankiw). O dinheiro é um exemplo disso. Se uma pessoa tem dez reais e os usa para comprar um bolo, isso significa que esse dinheiro não poderá mais ser utilizado para outras finalidades. Depois de comer o bolo, o bem se esgota, impossibilitando que sejam feitas outras escolhas com aquele recurso. O tempo, por ser um recurso escasso, segue a mesma lógica, mas com implicações ainda mais sérias. Qualquer escolha a respeito de como gastar o tempo implica a impossibilidade de usá-lo para outras finalidades. Assim, cada minuto de nossas vidas representa uma escolha definitiva e irretratável, pois o tempo passado não volta mais.

Se você nunca pensou nisso, sugiro a leitura das páginas iniciais das *Cartas a Lucílio*, escritas por Sêneca há mais de 2 mil anos. São palavras impactantes que nos levam a refletir sobre o valor do tempo e a importância de aproveitar cada momento da nossa existência.

Ideias como "não desperdice tempo", "preencha todas as horas" e "faça valer o tempo que lhe foi dado" são mencionadas por Sêneca e continuam a fazer sentido mesmo depois de 2 mil anos. Mas o que ele propõe é ainda mais profundo, pois nos incita a pensar sobre a vida como uma espécie de processo com prazo para acabar, em que os segundos são contados de maneira regressiva, e cada instante que passa é um pedaço da nossa existência que desaparece.

> **Brain Hack**
>
> Para ter sempre em mente a brevidade da vida, o escritor Kevin Kelly utiliza uma técnica chamada *contagem regressiva para a morte*, ou *countdown clock*. A lógica é pegar a expectativa de vida para se ter uma ideia de quando iremos morrer. Em seguida, é só inserir essa data em um relógio de contagem regressiva. Alguns aplicativos, como Death Clock, TimeLeft ou Time and Date, fazem esse cálculo automaticamente, inclusive com alertas visuais que podem ser programados para aparecer no seu computador ou smartphone. O princípio por trás disso é o *memento mori*, que se baseia na ideia de que a vida merece ser valorizada todos os dias.

> Uma forma ligeiramente diferente – e menos fúnebre – de chegar a isso é refletir sobre a seguinte questão: o que você faria se tivesse mais quarenta anos de vida? À primeira vista, a pergunta parece sem sentido, mas quando bem entendida é muito impactante, pois nos permite refletir concomitantemente sobre o tempo passado e o vindouro. Por um lado, nos alerta para a dimensão limitada do tempo; por outro, nos mostra que ainda é possível aproveitar toda a potencialidade da vida se formos capazes de cuidar disso com inteligência.

Quando percebemos o tempo como um bem escasso que está sendo consumido a todo instante, passamos a valorizá-lo muito mais, tentando não desperdiçá-lo com atividades que não tenham valor significativo para uma vida plena. Nossas escolhas sobre como usar o tempo se tornam *trágicas*, pois temos que exercer um juízo de valor do tipo *tudo ou nada*, em que priorizamos um determinado tipo de existência em detrimento de outro.

Se o tempo é um recurso escasso, o primeiro passo para aproveitá-lo com sabedoria é ter um bom diagnóstico de como ele é usado. Sem um levantamento mais detalhado sobre como preenchemos nossas horas, não podemos identificar nossos pontos fracos, organizar o presente e planejar o futuro. Pode-se dizer que o automonitoramento é a versão contemporânea da máxima socrática "conhece-te a ti mesmo".

Brain Hack

O registro das atividades realizadas ao longo do dia pode ser feito por meio de diários ou de aplicativos. Uso – e recomendo – o Life Cycle, um aplicativo gratuito que faz um mapeamento detalhado de todas as atividades do usuário, utilizando para isso o sistema de localização do smartphone. Com pouco tempo de uso, o aplicativo calcula automaticamente quanto tempo você passa no trabalho, na academia, em casa, dormindo, em deslocamento, se alimentando, e assim por diante. Além de gerar relatórios diários, semanais, mensais e anuais, ele também fornece alguns insights comparativos que podem ajudar na organização do tempo. É um pouco invasivo, mas bastante útil.

O próprio Sêneca já dizia: "Observa-te a ti mesmo, analisa-te de vários ângulos, estuda-te". Quando mapeamos as atividades que realizamos no dia a dia, conseguimos identificar com mais clareza os desperdícios e as janelas de oportunidade, facilitando a organização da rotina e o controle de hábitos, escolhas e ações. Assim, podemos perceber que a mente, o corpo e as capacidades cognitivas mudam ao longo do dia, de acordo com o relógio biológico de cada um.

3

O Twitter é uma rede social impressionante. Para se ter uma ideia, em 2018, cerca de 500 milhões de tuítes foram enviados por dia, o que representa uma média de 5800 mensagens por segundo. Em todo o mundo, existem cerca de 260 milhões de usuários que acessam essa rede social todos os dias. O Brasil tem a quarta maior base de usuário da rede e, em janeiro de 2022, mais de 19 milhões de brasileiros acessaram a plataforma, conforme dados da empresa Estatista. Essa quantidade de dados incitou pesquisadores da Universidade Cornell a desenvolverem uma ferramenta chamada Hedonômetro, que consegue estabelecer o tipo de emoção que os usuários do Twitter estão sentindo ao postar suas mensagens. Se uma pessoa escreve "meu namorado é maravilhoso", o algoritmo interpreta a mensagem como um indicativo de emoções positivas, enquanto o oposto aconteceria com a frase "que trânsito infernal". Essa análise é feita de modo automático e em larga escala.

O algoritmo analisou 46 bilhões de palavras contidas em aproximadamente 4,6 bilhões de mensagens postadas ao longo de 33 meses por cerca de 63 milhões de usuários de 84 países diferentes e descobriu um padrão muito interessante. Dia após dia, o Hedonômetro registrava uma quantidade maior de textos com emoções positivas nos períodos da manhã e da noite. Por outro lado, à tarde, predominavam as emoções negativas.

Um estudo publicado na *Harvard Business Review* obteve os mesmos resultados ao analisar 26585 ligações telefônicas comerciais ocorridas entre 2001 e 2007. Após submeter as transcrições das conversas a um software de análise linguística semelhante ao Hedonômetro, os pesquisadores verificaram que, em geral, as ligações feitas no fim da tarde eram mais negativas, com mais tons de irritação e agressividade, do que as feitas pela manhã. Como resultado, as chamadas no período da tarde geravam mais reclamações, menos negócios e menos lucros para as empresas.

A variação de humor é um indicativo de que a nossa energia mental se altera ao longo do dia. Há momentos em que estamos mais energéticos, o que nos deixa melhores em controlar as emoções, manter o foco por mais tempo, gerar maior associação de ideias, raciocinar com mais profundidade e, consequentemente, tomar decisões melhores. Por outro lado, quando a nossa energia mental se esgota, ficamos de mau humor, perdemos a capacidade de concentração, autocontrole e raciocínio, ligamos o piloto automático e, com frequência, tomamos decisões menos inteligentes.

Vários estudos indicam que a nossa energia mental varia ao longo do dia, o que pode afetar a nossa capacidade cognitiva. No fim do dia, juízes costumam cometer mais erros judiciais, médicos podem cometer mais erros médicos, profissionais de saúde tendem a violar mais regras sanitárias, estudantes têm um desempenho menor em testes de memória e raciocínio, e assim por diante. Por isso, devemos levar em conta essa variação para organizar nossa agenda.

Saber escolher de modo correto os horários terá um impacto fundamental no desempenho pretendido. A questão é: se a ciência nos indica que a nossa energia mental costuma estar esgotada no período da tarde, deveríamos então reservar a manhã para os momentos de aprendizagem?

A resposta não é tão simples...

4

Após analisar o dia a dia de mais de 160 pintores, filósofos, músicos, escritores, cientistas e políticos de várias épocas e de todos os gêneros, Mason Currey descobriu que não há um padrão de rotina. Embora exista uma predominância de trabalho intenso no período da manhã, os grandes gênios da humanidade trabalham de acordo com o seu relógio biológico, com alguns produzindo melhor no período da tarde e outros de noite. Há ainda os que não seguem um padrão fixo e variam a produtividade conforme a inspiração do momento.

Seja como for, os grandes gênios souberam, de algum modo, encontrar o seu timing perfeito e organizaram suas rotinas de trabalho em função disso.

Muitos evitaram se curvar à agenda imposta pela sociedade, preferindo seguir as suas potencialidades biológicas, emocionais e cognitivas particulares. Em outras palavras: montaram suas rotinas de acordo com suas características individuais, tentando extrair o melhor resultado possível dentro de uma janela de tempo limitada.

Vários estudos de cronobiologia — a ciência que estuda o relógio biológico dos seres vivos — demonstram que não temos o poder de escolher os momentos em que o nosso corpo e a nossa mente estarão mais ou menos dispostos. O ciclo circadiano é um fenômeno biológico. Ou adaptamos as nossas vidas de acordo com o ritmo imposto por nosso relógio biológico ou estaremos fadados a perder grande parte de nossas capacidades naturais, inclusive cognitivas. Assim, conhecer a si mesmo é fundamental para o processo de aprendizagem.

De modo geral, o nosso relógio biológico é regulado pela natureza. Luz do sol, alimentação, genética, química molecular, idade etc. são os principais fatores que orientam as células a produzir as substâncias que afetam nosso estado mental e, consequentemente, humor, disposição, foco, criatividade e energia. E como esses componentes químicos oscilam ao longo do dia, o mesmo ocorre com a nossa disposição.

5

Embora o relógio biológico de cada um seja personalíssimo, os cientistas desenvolveram classificações para categorizar o cronotipo, tentando compreender com mais profundidade o ciclo circadiano da população de um modo geral.

O cronotipo de uma pessoa é a sua propensão para dormir e acordar em determinados horários. Por exemplo, se você naturalmente dorme e acorda muito cedo, você é mais diurno ou matutino. Se fosse o contrário, seria mais noturno ou vespertino. A maioria da população está entre esses dois espectros.

A cronotipologia tem evoluído bastante com o avanço da medicina, da genética e da tecnologia. Por isso, existem muitos métodos sofisticados para classificar e descobrir como funciona o relógio biológico de alguém. Os métodos mais conhecidos usam questionários com dezenas de perguntas que costumam gerar resultados bastante precisos, encaixando as pessoas em noturnas, diurnas ou intermediárias.

Em alguns modelos, esses relógios biológicos são apelidados com nomes de pássaros. Assim, os mais diurnos seriam cotovias [*larks*] e os mais noturnos seriam corujas [*owl*]. No meio-termo, teríamos terceiros pássaros [*third birds*] ou beija-flores [*hummingbirds*].

Outra classificação que tem se popularizado foi desenvolvida por Michael Breus e usa nomes de mamíferos.[2] Nesse modelo, as pessoas mais diurnas seriam *leões*, as mais noturnas seriam *lobos* e as intermediárias seriam *ursos*. Breus acrescenta ainda os *golfinhos*, que seriam aqueles que não se encaixam em nenhuma dessas classificações, como Mozart, que dormia várias vezes ao dia por um curto período em horários variados.

Brain Hack

Há vários testes disponíveis on-line que podem ajudá-lo a saber seu cronotipo, mas se preferir um teste mais simples, basta responder a duas perguntas:

(a) De acordo com a sua percepção, qual costuma ser o seu nível de energia mental durante o período da manhã, em uma escala de um a cinco?

(b) De acordo com a sua percepção, qual costuma ser o seu nível de energia mental no período da noite, em uma escala de um a cinco?

Em seguida, subtraia o valor indicado na primeira pergunta do valor da segunda. Por exemplo, se classificou como quatro o seu nível de energia pela manhã e como um à noite, o seu escore é três. Por outro lado, se sua resposta foi um para a primeira pergunta e quatro para a segunda, o seu escore é -3.

Se o resultado for positivo ao extremo (quatro, três ou dois), você tende a ser matutino (ou *leão*, na nomenclatura de Breus). Se for negativo ao extremo (-4, -3 ou -2), tende a ser vespertino (ou *lobo*, na nomenclatura de Breus). Se for um número intermediário (1, 0 ou -1), é um meio-termo (ou *urso*, na classificação de Breus).

Um dos métodos mais famosos para definir o cronotipo se baseia no *ponto médio de sono* durante os dias em que a pessoa não tem compromissos no dia seguinte. Para isso, imagine que você esteja de férias e não precise acordar cedo. Qual é o horário em que você costuma dormir e acordar? Agora tome o valor médio entre esses números. Por exemplo, se nos seus dias sem compromissos você normalmente dorme às 23h e acorda às 9h, o seu ponto médio de sono será 4h. Se dorme por volta de 22h30 e acorda às 6h30, será 2h30. Agora, basta usar o quadro abaixo, elaborado por Till Roenneberg, para descobrir o seu cronotipo:

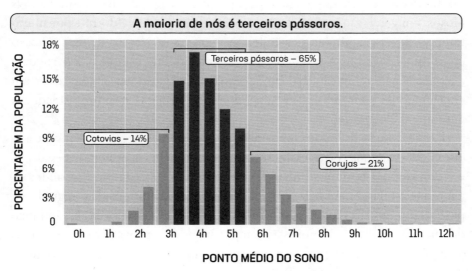

FONTE: Daniel H. Pink, *Quando: Os segredos científicos do timing perfeito*. Rio de Janeiro: Objetiva, 2018.

O quadro acima demonstra que a distribuição de cronotipos entre a população costuma seguir uma "curva em sino". Há uma maior concentração no meio e um menor número nas extremidades, com um leve viés em favor dos matutinos. É por isso que, em geral, a maioria das pessoas não está bem-disposta nem nas primeiras horas da manhã, nem nas últimas horas da tarde. Isso também explica as mensagens mal-humoradas no período da tarde e o melhor desempenho acadêmico de muitos estudantes na segunda parte da manhã.

Esses testes são apenas meios auxiliares de descobrir o cronotipo. No fundo, já temos uma noção de como nosso corpo e nossa mente se comportam ao longo do dia. Se fizermos um exercício básico de autoconhecimento, monitorando nosso estado biológico e mental ao longo de um dia, veremos que somos pessoas diferentes com o passar das horas. Em alguns momentos, estamos bem-humorados e com disposição de levantar montanhas. Em outros, não temos forças nem mesmo para sair da cama ou beber um copo d'água. Esses momentos costumam seguir um padrão relativamente estável, orientado em grande medida pelo ritmo circadiano.

É certo que algumas mudanças biológicas podem ocorrer ao longo da vida. Afinal, a idade afeta a química do nosso corpo. Os adolescentes costumam ser mais noturnos e conseguem dormir por mais tempo do que os adultos. Os idosos, em geral, são mais matutinos e têm dificuldade de dormir por muito tempo. Mas essas mudanças são lentas e graduais. Normalmente, o nosso cronotipo se mantém estável em cada fase da vida, até porque boa parte dele é moldado pela genética. Seja como for, parece inquestionável que exerce um enorme poder sobre nossas vidas, podendo se projetar com intensidade no desempenho cognitivo.

Em um estudo realizado com 741 estudantes holandeses, ficou demonstrado que pode haver uma correlação entre o sucesso acadêmico, os horários escolares e o cronotipo. Os alunos tinham entre onze e dezoito anos e responderam a um questionário para descobrir os respectivos cronotipos. Em seguida, os pesquisadores cruzaram essa informação com as notas de cada um ao longo do ano. O resultado é impressionante. Quando as provas eram realizadas pela manhã, os alunos que apresentavam cronotipos mais matutinos tendiam a tirar notas bem mais altas. Porém, quando aconteciam à tarde, a diferença desaparecia.[3]

O desempenho dos alunos mais noturnos era pior mesmo quando as provas eram realizadas de acordo com o relógio interno. Assim, alunos matutinos que faziam a prova pela manhã tiravam notas mais altas do que alunos mais noturnos que faziam a prova à tarde. A rigor, essa diferença não deveria existir, pois os estudantes estariam sendo testados em seus respectivos *horários nobres*. O problema, segundo os pesquisadores, é que os alunos mais noturnos vivem constantemente em um estado de jet lag social, ou seja, não há uma sincronia entre o relógio biológico interno e a agenda de compromissos estabelecida pela sociedade.

O calendário escolar costuma ser orientado em função do ritmo circadiano das pessoas mais matutinas, sem levar em conta as particularidades dos alunos mais noturnos. O horário do início das aulas obriga os alunos corujas a acordarem fora de sua zona de conforto, prejudicando a qualidade de sono e, consequentemente, o humor, o sistema imunológico, a capacidade de concentração, de organização das ideias, de raciocínio lógico, de memorização, de criatividade e de autocontrole.

Para os pesquisadores, a solução para esse problema exigiria uma mudança no início das aulas para horários mais compatíveis com o ciclo circadiano dos adolescentes, além da realização de provas no início da tarde ou em horários flexíveis, que poderiam se adequar ao cronotipo, garantindo assim oportunidades acadêmicas iguais a todos.

Brain Hack

Em relação aos adolescentes, vale lembrar o que disse Matthew Walker, um dos maiores especialistas da ciência do sono:

Pedir que um adolescente se deite e adormeça às dez da noite é o equivalente circadiano a pedir que você, seu pai ou sua mãe durmam às sete ou oito horas da noite. Não importa a veemência com que você dê a ordem, não importa quanto esse adolescente deseje verdadeiramente obedecer à sua instrução e não importa que quantidade de esforço deliberado seja aplicado por qualquer uma das duas partes, o ritmo circadiano de um adolescente não será milagrosamente persuadido a mudar. Além disso, pedir a esse mesmo adolescente que acorde às sete na manhã seguinte e funcione com intelecto, elegância e bom humor é o equivalente a pedir que você, pai ou mãe, faça o mesmo às quatro ou cinco da manhã.[4]

Para garantir uma vida mais saudável em todos os aspectos é fundamental que a rotina esteja organizada de acordo com o ritmo circadiano e o cronotipo de cada um. Realizar as tarefas importantes nos horários certos pode ser decisivo para obter melhores resultados.

6

Todos temos momentos especiais durante o dia em que a nossa capacidade mental está no nível mais alto. Eles variam de acordo com o cronotipo de cada um. Para alguns, o horário nobre ocorre pela manhã, enquanto para outros é de noite, e isso acontece dentro de um espectro bastante variável. Em todos os casos, no nosso *horário nobre biológico* é quando estamos mais propícios a "polinizar" os nossos neurônios, permitindo que as conexões neurais no cérebro floresçam com muito mais eficiência.

Esses picos de energia mental são muito limitados e, ao longo do dia, só conseguimos manter o grau máximo de eficiência cognitiva por algumas horas. Por isso, é importante saber aproveitar essa faceta da biologia humana e reservar esses picos para realizar atividades realmente importantes que exijam esforço cognitivo.

O horário nobre biológico costuma durar entre três e cinco horas por dia, podendo ser formado por blocos contínuos ou descontínuos. Por exemplo, uma pessoa muito matutina será mais ativa nas duas ou três primeiras horas da manhã, tendo picos de energia mental após o almoço ou o jantar. Uma pessoa intermediária tende a ter o seu pico de energia na parte final da manhã, com possibilidade de avançar para as primeiras horas da tarde. Por sua vez, o horário nobre de quem é mais noturno costuma ocorrer no final da tarde ou início da noite, e pode adentrar a madrugada. Como esse padrão é bastante variável, o importante é que cada um consiga descobrir as horas em que o nível de energia está em seu grau máximo para organizar a rotina.

Quem define o horário nobre biológico é o núcleo supraquiasmático, uma área no meio do cérebro responsável por ditar o ritmo do corpo a partir de informações captadas no mundo exterior. Nesse ponto, a margem de escolha consciente é pequena. Você pode até querer ser uma pessoa mais matutina, já que a sociedade valoriza quem acorda cedo e produz no período da manhã. Porém, se o seu cronotipo não for adaptado a isso, a tendência é que você não consiga aproveitar a sua máxima capacidade cognitiva, já que, naquele horário, o seu cérebro não estará em condições de produzir os componentes químicos necessários.

Em geral, os indivíduos tentam se adaptar à rotina imposta pela sociedade e, por isso, não percebem que estão fora de sincronia com o próprio relógio biológico, sendo tachados de preguiçosos. Por isso é importante descobrir o próprio horário nobre e se adaptar a ele.

O automonitoramento pode ser feito a partir de algumas questões simples:

(a) Em quais momentos do dia você se sente mais ou menos disposto?

(b) Qual o seu grau de disposição meia hora depois de acordar?

(c) Na sua percepção, você é mais matutino ou mais noturno?

(d) Você costuma acordar com facilidade? Quando usa despertador, tende a utilizar a função soneca?

(e) Se você pudesse escolher o horário para fazer um teste de quatro horas de duração, qual período do dia escolheria?

Assim é possível mapear seus momentos de pico intelectual. Se você não acorda com disposição, usa com muita frequência a função soneca e costuma estar sonolento ao longo do dia, é um sinal de que não está sincronizado com o seu horário biológico.

Brain Hack

Caso queira descobrir os seus picos de energia mental de modo mais preciso, há alguns aplicativos que fazem o mapeamento dos horários nobres ao enviar mensagens em diferentes horários durante vários dias, nas quais você indica o seu estado mental naquele momento. Depois de coletar a informação, o aplicativo elabora um gráfico indicando os seus horários mais e menos ativos. Eu já usei o aplicativo Productivity Tracker.

Embora seja uma forma mais precisa de autoconhecimento, o resultado tenderá a ser uma confirmação da própria percepção subjetiva. Por isso, vale a pena se questionar: se pudesse distribuir ao longo do dia quatro horas de trabalho produtivo de acordo com a sua disposição mental, como você faria?

Para maior precisão, consulte informações sobre biofeedback ou *neurofeedback*. Há profissionais especializados em tentar identificar as melhores condições mentais e fisiológicas para alcançar a máxima performance a partir do monitoramento de índices corporais, como batimento cardíaco, oxigenação, pressão sanguínea etc.

No meu caso, o meu horário nobre é no período da manhã, com um pico mais curto após o almoço. Por outro lado, costumo estar mentalmente esgotado ao meio-dia e no final da tarde. Esses momentos de baixa capacidade cognitiva são os meus horários intelectualmente pobres, por assim dizer.

Essa oscilação não segue um padrão rígido nem traduz uma condição biológica que se repete todos os dias. Há algumas manhãs em que estou desmotivado e algumas tardes em que consigo produzir relativamente bem. O objetivo não é obter um modelo inflexível, mas ter uma base para organizar a rotina, reservando as tarefas mais importantes para horários nobres, enquanto as menos relevantes podem ficar relegadas a horários com menor disposição mental.

7

Horários nobres, tarefas nobres. Essa talvez seja a ideia mais importante para a gestão do tempo durante o processo de aprendizagem, que nada mais é do que a construção de novas conexões neurais. Quanto mais você aprende, mais as conexões se fortalecem, ficam ativas e se complexificam, possibilitando que sejam ampliadas. Para que a conexão cerebral se ramifique e a aprendizagem ocorra de fato, é preciso processar as informações recebidas de modo mais intenso, mais focado e mais ativo.

Algumas atividades exigem um alto nível de esforço cognitivo, como leitura crítica e ativa de material mais denso, estruturação de ideias, escrita, produção e criação de novos conteúdos, solução de problemas complexos, compreensão de aulas ou palestras mais profundas, e assim por diante. Essas tarefas, que são mais difíceis de realizar e geram um impacto positivo na aprendizagem, devem ser executadas de preferência durante os horários mais ativos.

Quando tentamos executar tarefas complexas em momentos de baixa capacidade cognitiva, o resultado costuma ser frustrante, contraprodutivo e enganador. Em geral, quando recebemos as informações de modo passivo, sem nos esforçar para processá-las, não aprendemos de forma efetiva. A conexão cerebral criada tende a ser insipiente e costuma ser apagada da memória com facilidade. Na maioria das vezes, o estudo sem esforço cognitivo não passa de uma ilusão de aprendizagem.

Você pode estar se perguntando: mas as tarefas mais simples não seriam apenas desperdício de tempo? Na verdade, elas não precisam ser necessariamente tarefas inúteis. Algumas são até necessárias, como organizar e selecionar o material, planejar o estudo e consumir material mais leve, inclusive de lazer intelectual. São consideradas mais simples apenas por não demandarem um esforço cognitivo especial, o que permite que sejam realizadas mesmo quando a energia mental está mais baixa.

O ideal é usar os horários em que estamos menos dispostos para preparar o terreno para tarefas mais complexas, que serão realizadas no horário nobre. Com isso, evitamos usar o tempo precioso do nosso pico cognitivo com tarefas secundárias. Durante o horário nobre, todas as condições de aprendizagem já devem estar à disposição, permitindo que aproveitemos cada minuto com atividades que realmente exijam esforço cognitivo.

Brain Hack

Em economia, existe o princípio de Pareto, também chamado de regra dos 80-20. Wilfredo Pareto, o economista italiano que formulou o conceito, notou que 80% dos frutos de seu jardim provinham de cerca de 20% de sementes, o que o levou à ideia de que, para diversos eventos, aproximadamente 80% dos efeitos ou resultados são provenientes de 20% de causas ou ações.

Se você analisar os dados sobre consumo de cerveja, notará que cerca de 80% de toda a produção serve cerca de 20% de bebedores regulares. São os *top performers*, por assim dizer. A mesma lógica se aplica a empresas. Em geral, 80% do lucro de uma empresa vem de cerca de 20% de clientes ou produtos.

No campo da aprendizagem, o princípio de Pareto indica que a maior parte daquilo que aprendemos deriva de um pequeno número de ações ou práticas específicas que geram resultados efetivos. Isso significa que muito do que fazemos (80%) tende a produzir pouco resultado (20%). Assim, se queremos tornar o processo mais produtivo, basta conseguir identificar quais são os 20% de ações ou práticas que devemos dominar para alcançar os 80% dos resultados que queremos.

Por exemplo, para um violinista, 80% dos resultados vêm de 20% de prática deliberada. E mesmo para isso há alguns métodos que são mais eficientes do que outros. Logo, uma vez identificadas essas técnicas, o processo de evolução pode ser muito mais acelerado. Na aprendizagem cognitiva, é possível estimar que 80% daquilo que realizamos de modo passivo (como leitura relaxada ou aula) representa apenas 20% de aprendizagem efetiva. Por outro lado, 20% de métodos ativos (resolução de problemas, produção de conteúdo, explicação do assunto pela técnica Feynman, em que o aprendiz se esforça a explicar o assunto do modo mais claro e completo possível etc.) garantem 80% de aprendizagem.

Essa é uma lógica muito útil para selecionar material, planejar as atividades e organizar o uso do tempo. A premissa básica é: descubra onde vale a pena investir o seu esforço e a sua energia mental e estruture o seu processo de aprendizagem em função disso.

Quando utilizamos nossos horários pobres para atividades que exigem esforço cognitivo, estamos muitas vezes praticando um *pseudotrabalho* ou *pseudoestudo*. Em outras palavras: estamos apenas fingindo que estamos realizando uma atividade produtiva que, no fundo, não gera benefício. Um cérebro cansado, desmotivado e desengajado não está em condições de aprender.

É ilusão achar que a aprendizagem ocorrerá apenas porque você está sentado com um livro na mão ou ouvindo um professor falar. Isso não pode ocorrer sem esforço cognitivo. E não custa lembrar, a preguiça mental não é falha de caráter, mas um fato biológico. Não adianta exigir que o cérebro tenha um desempenho máximo fora dos horários estabelecidos pelo núcleo supraquiasmático. É como querer que um avião decole sem combustível.

Brain Hack

A título de curiosidade, listo a seguir algumas tarefas relacionadas à aprendizagem que costumo fazer no meu horário nobre:

(a) estruturação de textos (brainstorming, organogramas e mapas mentais);

(b) escrita e revisão de texto;

(c) leitura de material mais denso (leitura crítica e ativa);

(d) gravação de vídeos ou elaboração de slides;

(e) compreensão de textos, aulas ou palestras mais complexas (modo ativo);

(f) resolução de questões ou de problemas complexos;

(g) outras tarefas complexas que exigem alto grau de concentração.

Em meu horário pobre, em modo mais relaxado:

(a) pesquisa bibliográfica e jurisprudencial;

(b) organização e seleção de material;

(c) formatação de textos;

(d) planejamento de rotinas e metas;

(e) consultas a textos mais fáceis;

(f) aulas, palestras e vídeos on-line menos profundos;

(g) outras tarefas mais simples que não exigem alto nível de concentração.

Em minha atividade jurisdicional, sigo a mesma lógica.

Assim, basta conhecer os limites da própria capacidade cognitiva e produzir de acordo com ela. Não é preciso se preocupar com a quantidade de horas de aprendizagem, pois o ritmo depende da conexão com o material de estudo, que por sua vez depende da capacidade cognitiva. Estudar sem conexão é um desperdício de tempo. Quem passa horas na frente de livros ou assistindo a aulas sem entusiasmo não está de fato estudando, mas finge estudar. Por isso, mais importante do que a quantidade é a qualidade das horas dedicadas à aprendizagem.

5. Configure seu descanso

Se estiver cansado, aprenda a descansar, não a desistir.
Banksy

1

Os melhores cientistas, artistas e esportistas adotam uma rotina diária muito consistente, que envolve alguns rituais, horários preestabelecidos para o trabalho focado e momentos de relaxamento, introspecção e reflexão. Nesse sistema, dedicam cerca de quatro horas por dia para atividades mais profundas, criativas e intensas.

Há quem sugira que há uma base antropológica para esse limite de quatro horas diárias de alto esforço cognitivo, já que seria o tempo médio que nossos antepassados teriam se dedicado às atividades mais intensas de caça e coleta. Mas seria exagero tratar esse número como universal e aplicável a qualquer ser humano. Existem, por exemplo, jogadores profissionais de xadrez que, após muitos anos de treino, conseguem manter uma alta capacidade cognitiva por cerca de seis horas intercaladas com alguns momentos de descanso. Isso sem falar em *gamers* que conseguem passar várias horas jogando de modo focado sem levantar nem mesmo para ir ao banheiro ou comer.

De todo modo, qualquer pessoa que consiga realizar de forma consistente de três a cinco horas diárias de trabalho focado já está em condições de se igualar aos grandes gênios da humanidade. Para ir além disso, é necessário ser um super-humano ou ter passado por um longo processo de treinamento mental.

O trabalho focado que os gênios praticam vai além daquele modelo mais simples, alicerçado na eliminação de distrações, foco total e alto esforço cognitivo. Muitas vezes, eles entram em um estado de êxtase conhecido como *flow*, uma condição mental que pode ocorrer quando se está tão concentrado e engajado na realização de determinada atividade que o consciente e o inconsciente passam a trabalhar juntos na mesma direção.

Nesse estado, o cérebro costuma processar muito mais informações do que em situações normais, apesar de paradoxalmente fazer menos esforço cognitivo. É como se o cérebro "desligasse" os setores não relevantes e canalizasse toda a energia para realizar a tarefa do modo mais eficiente possível. Nesses momentos, a pessoa está tão compenetrada que nem nota o mundo a sua volta ou sente o tempo passar. É uma sensação que gera muita satisfação, motivação e crescimento intelectual.

É por isso que não devemos ficar impressionados com a afirmação de que bastam quatro horas diárias de trabalho focado para que alguém consiga produzir obras geniais. Na verdade, manter um alto esforço cognitivo por tanto tempo é um feito considerável, sobretudo quando se está na imersão frenética produzida pelo *flow*.

Além disso, a rotina produtiva dos grandes gênios não está limitada a essas quatro horas. Muitos utilizam estratégias de relaxamento para ativar um modo de pensamento conhecido como difuso [*diffuse mode*], um conceito desenvolvido por Barbara Oakley para se contrapor ao modo focado de pensamento.[1] Ela usa uma analogia para explicar os conceitos: quando afastamos uma lanterna, a luz fica difusa e embaçada, mas o campo de visão é ampliado; por outro lado, quando a apontamos para um ponto específico e a aproximamos, conseguimos vê-lo com bastante clareza. Assim, o modo focado tem a vantagem de permitir enxergar um assunto específico de forma bastante clara, enquanto o modo difuso ajuda a olhar para além daquilo que está sendo iluminado.

No trabalho focado, as conexões ativas do cérebro são aquelas mais diretamente relacionadas ao que está sendo analisado. Por isso, muitas vezes ficamos travados quando não conseguimos resolver um problema que exige raciocínio mais elástico. A solução costuma surgir só um tempo depois, após um período de maturação das ideias, quando o foco é desligado e o cérebro consegue realizar conexões mais difusas.

Os gênios têm consciência disso e usam estratégias para ativar o pensamento difuso. Alguns adotam o hábito de tirar uma soneca durante o expediente. Outros preferem uma caminhada ao ar livre ou passear com o seu animal de estimação. Há quem goste de um banho mais demorado ou de conversar com amigos. Enfim, muita coisa pode estimular esse tipo de pensamento.

Ao contrário do que se pode pensar, esses momentos também são considerados parte de um processo intelectual mais amplo. Apesar de o cérebro estar desligado ou em estágio de relaxamento, o inconsciente está associando ideias de uma forma que o modo focado não é capaz. Mas não se iluda em achar que basta caminhar, tomar banho ou dirigir para o inconsciente produzir novas conexões neurais. Para que o modo difuso seja ativado, é necessário que exista uma predisposição mental para o processamento inconsciente da informação e estar alerta para captar a informação.

O pintor Salvador Dalí, no seu livro *50 secretos mágicos para pintar*, ensinou um modo bem peculiar de colocar essa ideia em prática. Ele o denominou "dormindo com a chave".[2] Basicamente, ele se sentava em uma poltrona, inclinava a cabeça para trás e mantinha as costas relaxadas no encosto. As mãos ficavam penduradas na lateral da poltrona, completamente relaxadas. Em uma das mãos, Dalí segurava uma chave grande. No chão, logo abaixo da chave, ele colocava um prato de cabeça para baixo. Próximo à poltrona, deixava uma tela em branco com os pincéis preparados para serem usados. E assim ele dormia... Quando o corpo relaxava, ele soltava a chave, que caía no prato produzindo um barulho suficiente para acordá-lo justamente no estágio do sono em que os pensamentos estavam mais difusos. Muitas vezes a ideia para uma nova tela aparecia do nada, e era só começar a pintar!

É provável que Salvador Dalí tenha copiado essa técnica de Thomas Edison, que também costumava tirar cochilos em seu local de trabalho para encontrar a solução para problemas intelectuais. Ele lia um texto ou um problema científico que o intrigava e tentava dormir segurando uma bola de ferro na mão. Quando a bola caía, Edison acordava e tentava registrar todas as ideias que passavam por sua cabeça naquele instante.

Tanto um quanto o outro estavam colhendo os frutos de um estado mental conhecido como *hypnagogia*, um ponto de transição entre a consciência (vigília) e a inconsciência (sono). Nesse estado de semiconsciência, em que a pessoa não está nem dormindo, nem acordada, as conexões neurais são muito mais difusas e, portanto, há muito mais associações de ideias sendo realizadas.

> **Brain Hack**
>
> Antes que você se arrisque a imitar os métodos de Dalí e Edison, já adianto que nem todo mundo consegue o mesmo resultado. Estima-se que apenas 10% dos adultos consigam entrar de forma deliberada no estado de *hypnagogia*. Além disso, forçar-se a entrar nesse estado pode prejudicar a saúde mental, gerando alucinações, esquizofrenia e outros distúrbios. Minha recomendação, portanto, é que você não tente fazer isso em casa. A seguir, irei apresentar várias sugestões práticas e mais saudáveis para ativar o modo inconsciente e estimular o pensamento difuso.

O mais importante é perceber o princípio por trás dessa técnica. Se você analisar com atenção, nem Salvador Dalí nem Thomas Edison acreditavam que o sono por si só seria capaz de gerar ideias geniais. Havia uma preparação para estimular o modo difuso de pensamento. Antes de entrar no estado de *hypnagogia*, eles forçavam o cérebro a pensar em determinado ponto focal, repassando mentalmente o problema que estavam enfrentando. Depois, diminuíam o foco e deixavam o inconsciente realizar o seu trabalho, preparando-se para registrar as ideias assim que surgissem. Ou seja, eles plantavam uma noção no cérebro, desligavam o foco intenso e esperavam o momento certo de colher os frutos. Graças a esse intercâmbio entre o modo focado e o difuso, as ideias costumavam surgir com muito mais riqueza.

No entanto, existe um método para induzir o pensamento difuso que é fácil — e saudável — de ser implementado. Se você analisar com cuidado esta descrição da rotina de Charles Dickens, encontrará vários elementos relacionados a esses dois modos de pensamento:

Os horários de trabalho de Dickens não variavam. Seu filho mais novo disse que "nenhum funcionário público era mais metódico ou organizado do que ele; nenhuma atividade burocrática, monótona e convencional poderia ser realizada de forma mais pontual ou regular do que a que ele dedicava a seu trabalho de imaginação e fantasia". Ele acordava às 7h, tomava café da manhã às 8h, se dirigia ao seu gabinete por volta de 9h. Permanecia lá até as 14h, dando um rápido intervalo para almoçar com sua família, durante o qual ele com frequência parecia estar em transe, comendo de modo mecânico e mal falando uma palavra antes de voltar para a sua mesa. Em um dia normal, ele podia escrever cerca de 2 mil palavras, mas, durante um voo de imaginação, chegava às vezes ao dobro. Outros dias, contudo, ele dificilmente escrevia alguma coisa; mesmo assim, continuava com sua rotina sem falhar, rabiscando e olhando a janela para passar o tempo.

Prontamente às 14h, Dickens deixava sua mesa para uma caminhada vigorosa de três horas pelos campos ou pelas ruas de Londres, continuando a pensar na história e, como ele mesmo descreveu, "procurando por algumas imagens que eu queria construir". Após voltar para casa, nas palavras de seu cunhado, "ele parecia a personificação da energia, que parecia emanar de todos os poros como se tivesse um reservatório oculto". As noites de Dickens, contudo, eram relaxadas: ele jantava às 18h e passava o restante da noite com sua família ou seus amigos antes de dormir à meia-noite.[3]

A rotina de Dickens é muito parecida com a de muitos outros artistas, cientistas e intelectuais que criaram obras geniais. É simples e segue um padrão consistente: quatro horas de *trabalho focado*, muitas vezes em estado de *flow*, seguidas de algumas horas de trabalho mais relaxado ou de pensamento em modo difuso (caminhadas e conversas com amigos), o que cria as condições necessárias para a maturação de ideias, intercaladas com várias horas de descanso efetivo (relaxamento noturno).

Os horários variam de pessoa para pessoa, de acordo com o cronotipo. Mas o padrão é relativamente estável. Há picos de esforço cognitivo seguidos de períodos de atividades menos desgastantes, que também podem contribuir para o processo intelectual. E o que aconteceria se Dickens resolvesse trabalhar de forma intensa mais de quatro horas por dia? Será que teria produzido mais obras? Será que teriam a mesma qualidade? Provavelmente, não. Como veremos, o descanso também é um elemento essencial para o máximo desempenho.

2

Pesquisadores israelenses monitoraram durante cinquenta dias a atuação de oito juízes responsáveis por julgar pedidos de liberdade condicional.[4] O trabalho consistia basicamente em decidir se os acusados deveriam continuar presos ou se poderiam ser soltos. Cada juiz tinha que analisar de quinze a 35 casos por dia e levavam em média seis minutos na análise de cada pedido.

Após acompanhar cerca de mil casos, os pesquisadores descobriram algo surpreende: as decisões pareciam seguir um padrão estranho, que se repetia todos os dias. No início do expediente, o índice de deferimento costumava ser de 65%, mas esse percentual se reduzia gradualmente até chegar próximo a zero. Após um breve intervalo para o lanche, o índice voltava a ser de 65%, diminuindo mais uma vez a zero até o próximo intervalo, quando o ciclo recomeçava.

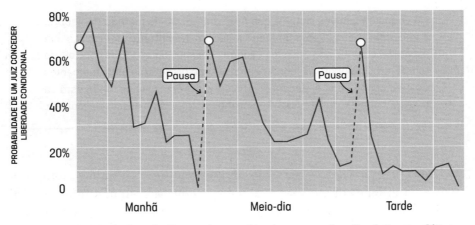

FONTE: Daniel H. Pink, *Quando: Os segredos científicos do timing perfeito*. Rio de Janeiro: Objetiva, 2018.

Muitas hipóteses podem ser levantadas para tentar explicar esse fenômeno. Os pesquisadores, por exemplo, sugeriram que isso poderia estar relacionado à alimentação dos juízes: quando há um estoque de glicose no cérebro, as pessoas tendem a ser mais criteriosas e se esforçam mais para tomar a melhor decisão possível. Por outro lado, quando estão com fome e mentalmente cansadas, sem energia mental suficiente para processar todas as informações, tendem a escolher o caminho mais fácil, que nesse caso seria a manutenção do status quo, indeferindo automaticamente os pedidos de liberdade.

Mesmo que existam outros fatores capazes de explicar esse fenômeno, a ideia-chave defendida pelos pesquisadores parece correta: diante de uma tarefa extenuante, a tendência é que o cansaço mental leve a decisões mais cômodas. Justamente por isso, as melhores técnicas de produtividade e aprendizagem demandam pausas periódicas durante as atividades mais desgastantes. Por exemplo, o método Pomodoro, que é uma das técnicas de organização do tempo de estudo mais recomendadas, propõe que sejam alternados minutos de alto nível de esforço cognitivo com outros de descanso. A fórmula-padrão sugere foco total por 25 minutos intercalado com intervalos de cinco minutos, mas isso pode variar de pessoa para pessoa.

> **Brain Hack**
>
> Há vários aplicativos simples que auxiliam no uso do método Pomodoro, como Tide, Focus Keeper ou Meu Pomodoro. No entanto, por razões que explicarei adiante, não costumo usar mecanismos rigorosos de controle do tempo, embora adote os fundamentos essenciais, intercalando momentos de pico cognitivo com descanso eficiente. Porém, se você ainda está se autoconhecendo, talvez seja interessante testar alguns desses aplicativos.

Um estudo de larga escala realizado pela empresa Desktime monitorou mais de 5 milhões de pessoas altamente produtivas em uma situação real de trabalho.[5] Ao analisar os dados, a Desktime descobriu que os 10% mais produtivos alternam, em média, 52 minutos de foco intenso com dezessete minutos de descanso, o que deu origem à fórmula 52-17. Embora seja um bom ponto de partida, ela é derivada de uma média de rotinas muito variadas, e não de um padrão comportamental consciente e uniforme adotado por quem é mais produtivo. Nessa faixa, existem pessoas que adotam outros padrões, como 60-20, 40-15, 30-5, e assim por diante.

Por isso, o ideal é que cada um descubra a sua própria relação foco--descanso, levando em conta a capacidade mental, o tipo de atividade e as circunstâncias do momento. A proporção aproximada de 70% de foco para 30% de descanso pode servir de referência para traçar um plano inicial, de preferência respeitando o limite de três a cinco horas diárias de trabalho focado. O mais importante é a intensidade de engajamento intelectual. Sem uma conexão forte com a atividade, a produtividade será sempre baixa. Por outro lado, quando estamos em *flow*, o esforço cognitivo é muito mais proveitoso.

De todo modo, o estudo da Desktime demonstra que, mesmo para quem é altamente produtivo, o esgotamento mental costuma ocorrer após cinquenta minutos de foco, talvez até um pouco antes. Isso significa que, para a maioria das pessoas, manter o esforço cognitivo por uma ou duas horas sem nenhum intervalo é contraproducente.

No meu caso, adoto com frequência o método Pomodoro, intercalando momentos de concentração intensa com descanso de cerca de quinze a vinte minutos. Em geral, realizo o trabalho focado em três ou quatro ciclos concentrados na manhã e no início da tarde, que são os meus horários mais ativos. Às vezes, acrescento um ciclo mais curto e menos intenso antes de dormir, para ativar o modo difuso.

Porém, ao contrário do método tradicional, não uso cronômetros para controlar o tempo. Quando estou muito engajado em uma atividade, prefiro deixar o *flow* me guiar, sem estabelecer paradas programadas que possam atrapalhar o raciocínio. Algumas vezes, a concentração dura cerca de cinquenta minutos; outras, pode ser um pouco mais ou um pouco menos. Quando começo a perceber que estou perdendo o foco, faço um descanso, sem levar em conta o tempo transcorrido. Com a prática, adquiri a capacidade de perceber quando o cérebro precisa de uma pausa sem precisar de cronômetros.

Como sei que não é fácil alcançar o *flow*, pois depende de um engajamento intelectual que não podemos controlar, procuro aproveitá-lo ao máximo. Quando esses momentos surgem, deixo-os fluir livremente, evitando sair desse estado por motivos menos importantes, como assistir a uma palestra ou realizar alguma tarefa que não gere tanto ganho cognitivo. Minha regra é tentar extrair o máximo desse estado sem nenhuma crise de consciência, pois sei que são esses momentos que produzem aprendizagem efetiva e acrescentam valor ao mundo. Recomendo que você faça o mesmo.

> **Brain Hack**

O *flow* é um estado fisiológico que envolve vários componentes físicos e/ou mentais, incluindo pressão sanguínea, batimento cardíaco e índices hormonais. Em termos neurológicos, o consciente e o inconsciente se interconectam em um estado de total imersão, com energia altamente focada, completo envolvimento e profunda satisfação. Por isso, não temos total controle sobre ele. O máximo que podemos fazer é criar condições que facilitam a sua ocorrência. Listo aqui alguns exemplos:

1. *Preparação mental*: há vários *top performers* que usam técnicas e rituais para entrar em *flow*. Isso pode incluir meditação, controle da respiração, biofeedback, músicas que inspiram, exercícios físicos de energização, posições e gestos de empoderamento, *self-talk* com mantras de motivação etc. Retornaremos a esse tema no capítulo 6.

2. *Atenção focada de modo intenso em uma tarefa específica*: o *flow* exige ação singular e solitária durante determinado período ininterrupto. Não há como entrar no estado de máximo foco quando se está desconcentrado ou fazendo muitas coisas ao mesmo tempo. O ideal é treinar a mente e desenvolver o hábito de fazer o que for preciso com atenção concentrada e habilidade, e não de modo disperso. Mesmo as tarefas mais rotineiras, como lavar pratos, vestir-se ou cortar a grama, podem se tornar oportunidades de treinar essa habilidade se tivermos o cuidado de usar nossa atenção plena.

3. *Alta conexão e engajamento com a atividade*: só consegue entrar em *flow* quem está intrinsecamente motivado a realizar a tarefa e deseja fazer aquilo porque quer, não porque "tem que fazer". É preciso ter uma entrega profunda e consciência total, a fim de dedicar todas as potencialidades do corpo e da mente para a realização da tarefa.

4. *Metas claras a serem alcançadas no presente*: o *flow* exige clareza de pensamento no presente e uma boa noção do resultado a ser obtido. Planejar-se antes de realizar a tarefa é essencial para alcançar o máximo desempenho.

5. *Eliminação de distrações* que não tenham relação com a atividade e possam atrapalhar o fluxo, como notificações, ligações ou interrupções involuntárias.

6. *Imersão gamificada*, sobretudo quando as tarefas envolvem desafios e resolução de problemas. A ideia é criar jogos para engajar em que o feedback ajude a ter certeza de que se está fazendo a coisa certa, corrija erros e crie estímulos de gratificação imediata.

7. *Uma relação adequada entre habilidade e desafio*: o *flow* envolve uma evolução gradativa e perceptível. A atividade não pode ser tão fácil e levar ao tédio. No entanto, também não pode ser tão difícil a ponto de ser estressante. A ideia é apenas tirar um pouco da zona de conforto. O ponto ótimo é algo em torno de 4% mais difícil do que você está acostumado.

8. *Ambiente rico, com muita novidade, imprevisibilidade e complexidade relacionadas à atividade*: a ideia é criar estímulos até então inexplorados capazes de aumentar a atenção, ampliar o conhecimento e aprimorar as habilidades. A introdução frequente de novos desafios ajuda o cérebro a se desenvolver mais rápido.

9. *Senso de controle e competência*: é preciso combinar a ideia de autonomia (ser livre para fazer o que, como e quando quiser) com as competências demandadas pela tarefa (ser bom no que está fazendo). Em outras palavras, é preciso escolher os próprios desafios e ter as habilidades necessárias para superá-los.

10. *Coragem para assumir riscos e fazer algo novo, diferente e especial.*

No entanto, se não conseguir entrar em *flow*, não é preciso desanimar. O mais importante é seguir uma rotina consistente que valoriza o trabalho focado durante os horários mais ativos, respeitando sempre o próprio relógio biológico e os limites da capacidade cognitiva. Geralmente, quando há uma forte motivação intrínseca, um envolvimento intenso com a atividade e a habilidade de evitar distrações e manter o foco, o *flow* tende a surgir de forma natural.

Outro ponto importante é tratar os momentos de intervalo como parte da rotina de estudo ou trabalho. O que diferencia o aprendiz razoável do de alta performance não são apenas os momentos de aprendizagem propriamente ditos, mas também a boa gestão das pausas entre as atividades que exigem alto grau de esforço cognitivo.

Por incrível que pareça, o superaprendiz descansa mais e melhor, porque sabe que isso faz parte do processo. Além de recarregar as energias, o descanso consolida a memória de curto prazo e proporciona o processamento mental de informações no modo difuso.

Um descanso inteligente e planejado é ainda mais eficiente. O psicólogo Alex Soojung-Kim Pang denomina isso *descanso deliberado* [*deliberate rest*], em contraponto à *prática deliberada*. Na sua ótica, ele é tão importante quanto a prática deliberada para alcançar a alta performance.[6]

E qual é a melhor forma de descansar? Como aproveitar os intervalos para recarregar ao máximo as energias mentais? Aqui também há um amplo leque de opções: tomar banho, caminhar, conversar com amigos, meditar, comer, beber água, fazer exercícios leves, enfim, tudo o que possa funcionar como válvula de escape para desligar o foco e recarregar as energias vale a pena.

Brain Hack

Se quiser uma orientação mais precisa e baseada em estudos científicos, seguem as cinco regras sistematizadas por Daniel H. Pink para aproveitar ao máximo o descanso:[7]

1. Qualquer pausa é melhor do que nenhuma.

2. Pausa em movimento é melhor do que parado.

3. Socializar durante o intervalo é melhor do que ficar sozinho.

4. Descansar ao ar livre é melhor do que em ambiente interno e fechado.

5. O intervalo desconectado é mais efetivo do que o conectado.

Nem sempre é fácil reunir as condições para o descanso ideal, nos moldes sugeridos por Daniel Pink. De todo modo, o importante é tratar a pausa do trabalho focado como um momento de recarregar as energias mentais. Por isso, ainda que seja um momento livre, é importante evitar atividades que gerem maior esforço cognitivo. Mesmo atividades mais leves como ler notícias, acessar redes sociais, jogar video game etc. podem gerar distrações

> e dificultar a plena recuperação das energias mentais. O melhor é apenas beber um copo de água, caminhar um pouco, conversar com outras pessoas, tomar um banho ou relaxar. Quando a mente estiver renovada, basta voltar com força total para o trabalho focado.

3

No dia seguinte ao fim do horário de verão, estima-se que as pessoas durmam, em média, quarenta minutos menos do que o usual. Será que essa privação temporária de sono é suficiente para gerar impactos negativos no mundo real e fazer as pessoas "funcionarem" um pouco diferentes? Vários estudos indicam que sim, e existe até um nome para esse fenômeno: *efeito da segunda-feira sonolenta* [*sleepy Monday effect*]. Estudos mostram que, na segunda-feira após o fim do horário de verão, há um aumento no número de acidentes de carro, na quantidade e na gravidade de acidentes de trabalho, nas horas desperdiçadas em sites inadequados durante o expediente [*cyberloafing*] e até mesmo no diagnóstico de problemas cardíacos.[8]

Em outro estudo bem interessante, pesquisadores da Universidade de Washington analisaram todas as sentenças proferidas por juízes federais norte--americanos durante os anos 1992 e 2003 e perceberam que, na segunda-feira sonolenta, as penas costumavam ser 5% maiores do que nos outros dias. Para os pesquisadores, juízes sonolentos tendem a ficar mais irritados, indispostos e impacientes, resultando na aplicação de penas mais altas.[9] Em termos quantitativos, o impacto pode parecer pequeno, mas tente se colocar na pele de alguém que terá que passar mais alguns meses ou até mesmo anos na prisão porque o juiz acordou de mau humor!

É claro que esses estudos são apenas a ponta do iceberg de um problema bem maior: a constante redução da quantidade de horas de sono que nos impomos todos os dias. No mundo contemporâneo, somos inundados com estímulos que nos induzem a dormir cada vez mais tarde. Luzes florescentes, monitores de LED e telas de LCD desorientam o nosso relógio biológico, afinal o núcleo supraquiasmático segue uma lógica moldada pela natureza desde antes de o fogo ter sido inventado, e agora precisa se adaptar a um mundo de luzes artificiais que eliminou quase todas as diferenças entre o dia e a noite.

Para piorar, vivemos em uma cultura de produtividade, lucro e competição que nos obriga a acordar cada vez mais cedo. A sociedade costuma tratar o momento do sono quase como uma perda de tempo ou como algo de gente preguiçosa. Por outro lado, a privação de sono se tornou uma espécie de imposição social, como se dormir o mínimo possível fosse motivo de orgulho. Há até mesmo quem considere que não dormir é um pré-requisito para o sucesso. Afinal, para que serve o momento do sono? Por que precisamos passar mais de um terço de nossas vidas hibernando? Não seria melhor eliminar isso da equação e ampliar ao máximo o tempo produtivo?

Essa é uma mentalidade muito comum e completamente equivocada. Dormir não é perda de tempo, mas uma condição essencial para o desenvolvimento humano, inclusive para a aprendizagem. É um erro achar que a privação de sono é uma opção inofensiva. Na verdade, é uma grave ameaça à saúde física e mental.

Ao contrário do que diz o senso comum, as pessoas mais produtivas não são as que dormem pouco, e sim as que conseguem ter uma boa qualidade de sono. E isso vale em especial para atividades que envolvem habilidades cognitivas. Em uma pesquisa que monitorou a rotina de mais de 5 mil estudantes japoneses, descobriu-se que em geral quem dormia mais tirava notas melhores.[10] Em outro estudo de menor escala, foi constatado que crianças com mais tempo de sono tendiam a desenvolver um quociente de inteligência maior. Até mesmo estudos realizados com gêmeos idênticos comprovam que o padrão de sono afeta o desenvolvimento cognitivo. O irmão com melhor padrão de sono tende a ser superior em habilidades intelectuais e escolares, obtendo pontuações mais altas em testes padronizados de leitura e interpretação de texto, além de ter um vocabulário mais amplo.

Um estudo realizado com 61 estudantes de Harvard demonstrou que uma menor qualidade do sono está fortemente associada ao baixo desempenho acadêmico. Quem consegue desenvolver uma rotina consistente, com horários regulares para dormir e acordar, inclusive nos fins de semana, tendia a obter notas mais altas em testes padronizados quando comparados com estudantes que dormem a mesma quantidade de tempo, porém de modo irregular.

Portanto, o segredo para uma boa aprendizagem é dormir bem. Se a lógica "dormir menos, produzir mais" fizesse sentido, os países mais desenvolvidos seriam aqueles em que as pessoas teriam menos horas de sono somadas a um trabalho exaustivo. Porém, é justamente o contrário. Com exceção do Japão e da Coreia do Sul, a população dos países mais desenvolvidos — com alto nível de renda per capita e de índice de desenvolvimento humano (IDH) — costuma dormir mais tempo.[11]

Como explica Matthew Walker, "milhões de indivíduos passam anos sem se dar conta de que estão em um estado de funcionamento psicológico e fisiológico subótimo, sem nunca maximizar o potencial da mente ou do corpo por conta da persistência em dormir pouco".[12] Por isso, se você se preocupa com a sua saúde física e mental, leve a sério o momento de dormir. Faça isso com qualidade por pelo menos oito horas diárias.

Brain Hack

A melhor fonte para aprender sobre os benefícios do sono para a saúde física e mental é o livro *Por que nós dormimos: A nova ciência do sono e do sonho*, de Matthew Walker. Se você quiser um aperitivo, basta assistir ao TED Talk "O sono é o seu superpoder". No livro, Walker elenca várias sugestões para um sono saudável. Aqui listo algumas que considero mais interessantes:

1. *Regularidade e consistência*: tão importante quanto definir uma hora para acordar é ter um horário para dormir. Deitar-se e acordar na mesma hora todos os dias, inclusive nos fins de semana, é o meio mais eficiente para garantir um bom sono;

2. *Exercícios físicos nos horários certos*: a atividade física ajuda a regular o ritmo circadiano, mas é bom evitar maiores esforços duas ou três horas antes de se deitar;

3. *Evite estimulantes*, como cafeína, refrigerantes e nicotina pelo menos oito horas antes de dormir, pois esse é o tempo que o corpo leva para eliminá-los por completo do organismo;

4. *Evite bebidas alcoólicas*: ingerir bebidas alcoólicas antes de dormir pode ajudar a relaxar, mas prejudica o sono REM, mantendo-o nos estágios mais leves;

5. *Evite remédios que adiem ou perturbem o sono*, salvo com prescrição médica;

6. *Relaxe e tome um banho quente antes de se deitar*, pois o choque de temperatura com o ambiente pode acelerar a sensação de sono;

7. *Mantenha o quarto escuro, fresco e livre de aparelhos eletrônicos.* Quanto menos luz, sons ou outros estímulos, mais rápido será a elevação da quantidade de melatonina no corpo;

8. *Exponha-se à luz solar durante o dia*, principalmente pela manhã, para que o corpo regule o ritmo circadiano com mais precisão.

Minha dica: apagar todas as luzes da casa duas horas antes de dormir e colocar na TV um filme lento que você já tenha assistido várias vezes. Ouvir um audiolivro repetido também pode ajudar, desde que você tenha fones de ouvido que não atrapalhem na hora de dormir (procure por um Sleep Phone). De preferência, crie um ritual que informe o cérebro que é hora de descansar. Com o tempo, o sono vem quase de imediato, sobretudo quando adotamos um horário para ir para a cama.

Meditação também é uma excelente forma de relaxar antes de dormir. A série do Headspace, disponível na plataforma Netflix, é excelente para dar os primeiros passos nesse mundo.

4

Nos anos 1960, enquanto os Beatles faziam sucesso no mundo inteiro com suas músicas envolventes, John O'Keefe pesquisava ratos no laboratório na University College of London. Ele e seus colegas haviam desenvolvido uma espécie de eletroencefalograma para os roedores, que nada mais era do que um capacete com milhares de eletrodos capazes de medir a atividade cerebral do animal por 24 horas.[13]

O interesse principal de John O'Keefe era desvendar os segredos do hipocampo, uma área do cérebro muito relevante para a memória. Para isso, ele colocou os ratos em labirintos e observou a atividade dessa região do cérebro dos roedores enquanto tentavam encontrar a saída. À medida que iam descobrindo os melhores caminhos, os neurônios ativados pareciam seguir determinado padrão. Era como se a solução de um problema passado ficasse registrada na memória do rato. Assim, quando a mesma situação surgia de novo, o cérebro já tinha uma resposta-padrão. O mais interessante é que a cada problema resolvido, um novo padrão de neurônios era ativado, e ele podia ser visto novamente quando o problema se repetia.

O modelo era tão interessante que era possível saber a localização exata do rato no labirinto apenas ao olhar o que se passava dentro do seu cérebro, analisando os impulsos elétricos traduzidos no computador. Era como se os cientistas pudessem ler a mente do animal, ou pelo menos a sua memória espacial, e dizer o que via, pensava e fazia naquele exato momento. Graças a essa descoberta, que ficou conhecida como "GPS do cérebro", O'Keefe ganhou o prêmio Nobel de medicina em 2014.

Nos anos 1990, o neurocientista Matt Wilson estava em seu laboratório na Universidade do Arizona quando ouviu um barulho familiar vindo do labirinto de ratos que ele havia montado.[14] Eram descargas elétricas que faziam diversos pequenos estalos na caixa de som do computador. Wilson estava acostumado com aquele barulho, pois era o padrão sonoro para quando o capacete registrava a ativação de neurônios enquanto os ratos tentavam sair do labirinto. Portanto, não era um som inusitado, se não fosse um detalhe: os ratos estavam dormindo e completamente parados. Matt Wilson sabia que havia ativação cerebral durante o sono, porém o barulho era semelhante a quando o rato tentava sair do labirinto.

Quando ele comparou as atividades cerebrais do rato durante o sono, percebeu que o roedor estava literalmente *sonhando* com o labirinto. E mais: o animal estava desenvolvendo esquemas para consolidar na sua mente a solução para problemas que já havia enfrentado durante o teste. Ele repetia continuamente o mesmo percurso na sua cabeça. Às vezes, o caminho era percorrido em uma velocidade bem acima do normal; outras, era extremamente lento, e inclusive passava por tudo em modo reverso. Era como se fosse um treino mental sem esforço físico e nenhum tipo de limitação lógica.

A partir daí, os cientistas começaram a entender melhor o que se passa na cabeça dos seres humanos durante o sono. Já se sabia desde os anos 1950 que o cérebro não para de funcionar enquanto dormimos. Na verdade, em alguns estágios do sono, a atividade cerebral pode ser até maior do que quando estamos acordados.

Alternamos momentos de sono profundo e leve, que geram variações nas ondas cerebrais. Na verdade, existem cinco estágios: dois de sono leve (ondas cerebrais mais curtas e rápidas), dois de sono profundo (ondas cerebrais maiores e lentas) e um chamado sono REM, em que as ondas cerebrais são menores e relativamente rápidas. Ao longo de uma noite, esses estágios se revezam em cinco ou seis ciclos de cerca de noventa minutos.

Durante o sono, a mente está em intensa atividade, o que põe em xeque a antiga crença de que a sua função seria apenas restaurar as energias. Na verdade, a economia metabólica nesse período é bem pequena e não passa de 10% em comparação a quando estamos acordados. Assim, o que o corpo economiza com o repouso muscular é compensado com aumento de atividade cerebral.

> **Brain Hack**
>
> Essa variação nos ciclos do sono é o que torna acordar com o despertador tão difícil. Quando ele toca durante o sono profundo, nos sentimos mais indispostos, e o cérebro leva mais tempo para conseguir voltar ao normal. Por exemplo, no hipnograma acima, é mais fácil acordar às 6h do que às 6h30.
>
> O aplicativo Sleep Cycle usa essa lógica para tentar encontrar o melhor momento para tocar o alarme. Utilizando o microfone do celular, o aplicativo faz uma estimativa da fase do sono do usuário. Assim, o despertador pode tocar antes do horário previsto, caso o aplicativo perceba que o usuário está entrando na fase do sono profundo. Graças a isso, consegui me livrar da função soneca.

Embora ainda exista muito mistério, incerteza e especulação sobre o papel do sono, a ciência começa a lançar algumas luzes nesse intrigante fenômeno com a ajuda da biotecnologia.

Em um estudo emblemático de 1994, os neurobiologistas israelenses Avi Karni e Dov Sagi descobriram que o sono pode ter um importante papel na consolidação da memória.[15] Os pesquisadores submeteram vários voluntários a um jogo de memorização, que foi repetido doze horas depois. Os participantes que dormiram bem entre os testes tiveram um desempenho superior aos que dormiram nada ou pouco.

Em outro estudo seminal, Matthew Walker testou o papel do sono no aprimoramento de habilidades musicais.[16] Os participantes que dormiram após treinar piano tiveram um desempenho bem superior na sessão seguinte, conseguindo tocar mais rápido e cometer menos erros do que os que não tinham dormido. Além disso, quem dormiu ativou várias partes do cérebro, como o córtex e o cerebelo.

A conclusão é fascinante e demonstra que, além de fortalecer a memória e reforçar os padrões neurais para a realização de determinada atividade, o sono produz uma mudança ainda mais profunda: transfere a memória para as partes mais eficientes para aquela tarefa.

E as descobertas não param por aí. Em outro estudo realizado por Robert Stickgold, da Universidade Harvard, os voluntários tiveram que aprender a sair de um labirinto virtual. Na primeira sessão, tentaram memorizar os melhores caminhos para encontrar a saída, e na segunda tiveram que colocar em prática o que haviam aprendido na fase anterior. O detalhe é que alguns voluntários puderam tirar uma soneca, enquanto outros ficaram despertos. Como esperado, os que cochilaram tiveram um desempenho bem superior na segunda sessão. Porém, o dado mais interessante é que, dentro do grupo que dormiu, algumas pessoas tiveram um desempenho ainda mais extraordinário. O grupo de alta performance foi aquele que disse ter sonhado com o labirinto. Esses participantes conseguiram achar a saída dez vezes mais rápido!

Se não bastasse tudo isso, o sono ainda estimula a associação de ideias em modo difuso, gerando insights que podem ser úteis para o processo criativo e para a solução de problemas complexos. Isso foi demonstrado pelo neurocientista alemão Ullrich Wagner.[17] Ele e seus colegas criaram um problema matemático que poderia ser resolvido de dois modos. O primeiro era bem simples, porém trabalhoso: bastava seguir as regras preestabelecidas e, depois de preencher centenas de fileiras de números, a reposta aparecia. O segundo era bem mais rápido, mas dependia de o voluntário perceber um padrão bem sutil que se repetia ao longo das fileiras de números. Os participantes não sabiam que existia um atalho, precisariam perceber por conta própria.

Os cientistas descobriram que, após preencher aproximadamente duzentas fileiras de números e ter uma boa noite de sono, a chance de ter o insight era de 60%. Por outro lado, se o participante não dormisse, a probabilidade de encontrar o atalho não passava de 20%, mesmo que preenchesse a mesma quantidade de fileiras.

5

Todos os estudos mencionados acima nos levam a uma mesma direção: o sono de qualidade é essencial para o processo de aprendizagem. É como se o cérebro fosse uma *fábrica de pensamentos* que funciona 24 horas e sem intervalos entre os turnos.

Durante o dia, enquanto estamos acordados, ela recebe a matéria-prima necessária para produzir novas ideias. Todos os estímulos, sensações e informações que entram no cérebro seguem para um depósito provisório chamado *memória operacional* ou de *curto prazo* [*working memory* ou *short-term memory*], que fica sobretudo no hipocampo. No entanto, a capacidade de armazenamento é muito limitada. Enquanto estamos acordados, as matérias-primas continuam entrando, transformando esse espaço em um amontoado desconexo de informações com pouca utilidade. Ao chegar ao seu limite, a memória de curto prazo perde completamente a eficiência.

Durante o sono, há uma mudança no turno da fábrica de pensamentos. Nessa hora o cérebro para de receber informações do mundo exterior e começa a processar a matéria-prima absorvida ao longo do dia. Em um primeiro momento, entra em cena o setor de limpeza, triagem e organização.

Algumas células do cérebro ficam menores e permitem que passem os produtos necessários para eliminar a sujeira acumulada durante o dia. O setor de triagem armazenará o que é importante e excluirá o que é irrelevante. Já o departamento de organização pegará a matéria-prima armazenada no depósito provisório e a alocará em seus devidos lugares. Além de permitir que o conhecimento adquirido se consolide em partes mais definitivas e eficientes da memória, essa operação também abre espaço para que novas matérias-primas sejam recebidas no dia seguinte.

Por último, entrará em ação o setor de sonhos, criações e simulações. Ele conecta as matérias-primas com o material já existente, associando elementos aparentemente desconexos para criar produtos inovadores. É também ele que ensaiará algumas representações mentais aleatórias, reproduzindo em alta velocidade soluções memorizadas e testando novas variáveis em um mundo de simulações imaginárias, sem os entraves, os limites e os perigos do mundo físico.

Como os setores da racionalidade estão descansando, a criatividade terá muito mais liberdade para ousar e fazer associações inusitadas. Desse processo, surgem insights, ideias geniais e obras-primas. E tudo isso é feito durante o sono. Assim, ele é fundamental para a aprendizagem, pois irá garantir que a sua memória operacional possa funcionar de forma mais efetiva, sem o peso de informações passadas que podem prejudicar o processamento de novas informações.

Quando não dormimos o suficiente, o setor de limpeza não consegue concluir o seu trabalho, deixando a nossa memória operacional bagunçada. Com um cérebro assim, é muito mais difícil aprender coisas novas. Na verdade, quando não temos um sono de qualidade, os setores mais relevantes do cérebro não conseguem trabalhar, perdendo a chance de processar com eficiência as informações que recebemos durante o dia.

Daí a importância de reservar tempo suficiente para que todos os setores da fábrica de sonhos funcionem de modo adequado. É ilusão achar que a privação de sono pode "aumentar o dia" e criar tempo para "produzir mais". A tendência é que o efeito seja justamente o contrário. Quando não dormimos o suficiente, o mais provável é que nossa mente não alcance o seu máximo desempenho cognitivo, prejudicando o foco, o raciocínio, o humor, a criatividade e a própria capacidade de autoavaliação.

Mas se essa fábrica funciona de maneira tão intensa durante o sono, será que não podemos fazer mais do que apenas torcer para que os neurônios façam o seu trabalho e criar um *nudge* para ajudar os nossos operários noturnos, mostrando para eles o que deve ser feito? Ou será que dormir bem já é o bastante?

Vimos que os sonhos são tão ou até mais importantes do que o sono. Eles permitem o processamento mental da informação de uma forma totalmente incomum, pois as limitações do mundo físico desaparecem. Era nessa hora que os ratos de Matt Wilson percorriam o labirinto em uma velocidade bem maior do que o normal ou conseguiam fazer o percurso em ambas as direções. Outras vezes, diminuíam o ritmo, caminhando em câmara lenta. No estudo de Stickgold, os participantes que reportaram ter sonhado com o labirinto virtual alcançaram uma performance dez vezes maior do que os que não sonharam com o jogo. É como se acelerasse o processo de aprendizagem, permitindo a criação de conexões cerebrais totalmente atípicas.

Mas como isso pode ser aproveitado de modo prático, já que não temos total controle sobre nossos sonhos? O primeiro passo é simples: basta reconhecer e valorizar a importância de dormir para o processo de aprendizagem. Como o sonho costuma ocorrer nos ciclos finais do sono, quando predomina o REM, é preciso aproveitar esses momentos ao máximo, evitando cortá-los de forma prematura. Quando nos privamos de uma boa noite de sono, estamos literalmente destruindo nossos sonhos e impedindo o nosso cérebro de "treinar" em um mundo de realidade virtual construído pela nossa mente.

Além disso, o nosso cérebro costuma fazer uma espécie de triagem durante o sono, retendo com mais intensidade determinados tipos de informação, como (a) as que são mais impactantes do ponto de vista emocional; (b) as que se repetem com mais frequência; (c) as que fogem do padrão; (d) as que são destacadas como relevantes (e); as que derivam de problemas intelectuais ou emocionais não resolvidos/inacabados; e (f) as que foram apresentadas por último. Isso tudo é essencial para direcionar o sonho.

Assim, entrar em contato um pouco antes de dormir com conteúdo que tenha impacto emocional pode estimular o cérebro a maturar isso durante o sono e, como consequência, reforçar as conexões neurais que proporcionam a aprendizagem.

Brain Hack

Daniel Pink utiliza o *caderninho do sono* para estimular esse processo.[18] Todas as noites, antes de dormir, ele anota o que acha importante e acredita que merece ser consolidado na memória. Pode ser uma citação interessante, uma nova ideia ou uma questão que está tentando resolver. No dia seguinte, assim que acorda, faz um brainstorming sobre o assunto.

Para ele, essa técnica simples pode ajudar em vários sentidos: (a) serve como um sinal para indicar à mente que o dia terminou e é hora de dormir; (b) estimula a reflexão e o processamento inconsciente da informação, pois faz o cérebro pensar naquilo; (c) ao longo do tempo, garante um bom registro de material de qualidade.

> Outra técnica que costumo adotar é fazer uma breve sessão de trabalho focado um pouco antes de dormir, privilegiando o que for mais importante. Não precisa ser um ciclo de trinta ou quarenta minutos, alguns poucos minutos são suficientes. Por exemplo, para escrever este capítulo, li antes de dormir o artigo "Quiet! Sleeping Brain at Work", escrito por Robert Stickgold e Jeffrey M. Ellenbogen, que sintetiza as principais descobertas científicas sobre a influência do sono no processo de aprendizagem. No dia seguinte, as ideias já estavam organizadas. Só precisei montar um mapa mental para desenvolver o texto com mais calma depois.

Além disso, se você estiver em um processo de aprendizagem importante, o ideal é evitar entrar em contato antes de dormir com um conteúdo que possa competir ou ofuscar o que você pretende consolidar. Não há problema em consumir lazer intelectual, sobretudo se tiver relação com o seu processo de aprendizagem. O que se deve evitar são materiais paralelos que tenham forte impacto emocional, já que o cérebro tenderá a filtrar as informações que vieram por último. Em termos mais diretos: se você estiver em um projeto intelectual mais complexo, é melhor não confundir o cérebro com informações impactantes concorrentes, pois há grande chance de elas induzirem o sonho, prejudicando a consolidação da informação desejada.

Outro modo de aproveitar todas as potencialidades da fábrica de pensamentos é tirar uma soneca após o almoço. Há vários estudos que demonstram que até mesmo um cochilo curto pode elevar a produtividade, o ânimo, o estado de alerta, a criatividade e a capacidade cognitiva, além de ajudar a consolidar as informações recebidas no período da manhã. Toda vez que você realiza uma sessão intensa de aprendizagem e começa a se sentir mentalmente esgotado, é um sinal de que o seu hipocampo atingiu o limite. A partir daí, será difícil você conseguir receber novas informações de forma eficiente, pois a sua memória de curto prazo não conseguirá trabalhar com qualidade.

A melhor forma de limpar o hipocampo, alocar a matéria-prima nos lugares corretos e abrir espaço é dormir, nem que seja por alguns minutos. Por isso, não fique constrangido de cochilar antes e depois de suas sessões de aprendizagem. Seu cérebro agradecerá e saberá retribuir.

Uma soneca curta restaura a energia mental e pode melhorar o foco para as atividades que vierem a seguir. Um cochilo longo pode melhorar o foco, além de recuperar a energia física e aumentar a criatividade. No entanto, fazer uma dessas pausas de forma inadequada pode levar à fadiga, ao mau humor e à baixa produtividade. Por isso, é preciso saber exatamente quando acordar.

Brain Hack

O aplicativo Power Nap se baseia na ciência do sono para garantir uma soneca eficiente. Ele monitora o corpo do usuário usando o acelerômetro do smartphone e tenta, a partir daí, encontrar o momento ideal para despertar. A ideia é evitar que o alarme toque nos estágios mais pesados do sono, o que gerará inércia, sensação "grogue" e mais cansaço. Com base nisso, o aplicativo desenvolveu três tipos de soneca:

(a) *Power nap*: com duração de vinte minutos, visa acordar antes de o usuário entrar em sono profundo. É ideal para dar mais energia mental e foco;

(b) *Recovery nap*: com duração aproximada de 45 minutos, porém o aplicativo pode acordar o usuário antes para impedir que entre no estágio de sono profundo;

(c) *One full sleep cycle*: com duração aproximada de 120 minutos, porém o aplicativo pode acordar o usuário antes disso. O objetivo é garantir que o ciclo de noventa minutos de sono se complete. Esse modo proporciona, além de mais foco e energia mental, recuperação física e aumento da criatividade.

Daniel Pink costuma usar uma técnica semelhante ao *power nap*, com um pequeno detalhe que pode dar um upgrade no processo. Antes de se deitar, ele toma uma xícara de café, cujo efeito só começa a ser produzido entre 25 e trinta minutos após a ingestão. Assim, quando ele acorda já está com energia renovada pela soneca rápida e pelos efeitos da cafeína. O nome dessa técnica é *Napuchino*.

6

Uma forma simples de potencializar os benefícios do sono é estimular a mente com o *efeito Zeigarnik*, descoberto pela psicóloga Bluma Zeigarnik, que notou que, quando deixamos uma tarefa inacabada, pensamos nela com mais intensidade, por mais tempo e com mais frequência.

A ideia lhe surgiu ao observar a garçonete do restaurante onde jantava com amigos. Apesar de ser uma mesa grande, com mais de dez pessoas, a garçonete acertou todos os pedidos, mesmo sem usar nada para anotar. No fim do jantar, Bluma percebeu que tinha esquecido a bolsa numa cadeira e voltou ao restaurante. Ela, por curiosidade perguntou a garçonete se ela ainda lembrava dos pedidos. A mulher lembrava de alguns, mas não de todos. A partir disso a psicóloga elaborou a ideia do efeito Zeigarnik. O princípio básico é que lembramos com mais intensidade tarefas não terminadas. Enquanto não for concluída, o cérebro continua a pensar na atividade. Ao completar a ação, a tendência é logo esquecê-la.

Bluma testou essa hipótese em um experimento no qual utilizava um jogo de palavras, que os participantes deveriam montar a partir de algumas letras aleatórias. Metade dos voluntários jogou até acabar a partida. A outra metade foi interrompida quando o jogo estava perto do fim. Na semana seguinte, todos retornaram ao laboratório e foram testados de novo. Dessa vez, foram desafiados a dizer quantas palavras ainda eram capazes de lembrar. Os participantes que haviam sido interrompidos antes da conclusão do jogo lembraram muito mais palavras do que os que haviam concluído a tarefa. Para os pesquisadores, é como se o cérebro tivesse um desejo inconsciente de terminar o que havia começado, e por isso ficaria emitindo sinais para nos lembrar de fechar o loop.

Essa predisposição mental costuma ser muito utilizada por roteiristas, publicitários e apresentadores de TV para capturar a atenção do público. É por isso que muitos episódios de série costumam ser interrompidos bem no clímax, o que acende no telespectador o desejo de continuar assistindo.

Mesmo sem conhecer a teoria por trás do efeito Zeigarnik, o escritor Ernest Hemingway soube se aproveitar dele. Ao longo da carreira, ele escreveu nove romances, dez livros de não ficção e inúmeros contos usando um método inusitado. Ele costumava finalizar as sessões de escrita bem no meio da frase, mesmo que soubesse o que escreveria depois. No dia seguinte, relia o que havia produzido no dia anterior, melhorava a redação e continuava a escrever. Essa interrupção deliberada forçava o cérebro a querer terminar o que havia sido iniciado. Como Hemingway dizia, "o melhor jeito é sempre parar quando você está indo bem e sabe o que vai acontecer depois. Se fizer isso, nunca vai empacar".[19]

Além disso, esse método ajuda a estimular o pensamento difuso. Em 2018, pesquisadores japoneses publicaram um estudo intitulado "The Hemingway Effect: How Failing to Finish a Task Can Have a Positive Effect on Motivation", no qual demonstravam que essa estratégia pode ser eficiente em certas condições.[20] Para que a interrupção funcione, é preciso ter uma noção geral da estrutura da tarefa e a percepção de que a conclusão está próxima. Assim, há uma tendência de que a pessoa passe mais tempo pensando naquele conteúdo, o que aumenta a retenção da informação, cria associações de ideias e gera motivação para continuar a atividade na sessão seguinte.

Brain Hack

Em minha rotina de produtividade, uso com frequência o efeito Zeigarnik junto com a técnica *eat that frog first* [engula antes aquele sapo], disseminada por Brian Tracy.[21] Essa técnica se baseia em uma premissa simples: se você consegue comer antes o sapo mais feio, se sentirá bem mais motivado para seguir em frente. Ou seja, quando fazemos algo valioso e complexo logo no começo do dia, o resto vem com facilidade.

Assim, costumo começar o expediente com a tarefa mais importante e difícil, como o julgamento de um caso complicado. Depois percebo uma motivação que acaba influenciando outras atividades, como um efeito dominó. Essa técnica é especialmente útil na segunda-feira. Ao dar início à semana com alguma tarefa grandiosa que nos faça sentir produtivos, a empolgação tende a refletir no resto da semana.

E aqui vem o pulo do gato. No final do dia, complemento essa técnica com o efeito Zeigarnik ao me aproveitar da tendência do cérebro de querer terminar o que foi começado. Costumo encerrar o dia começando a atividade que quero terminar no dia seguinte. Por exemplo, sempre tento iniciar o relatório de um caso complicado, deixando para concluí-lo no começo do dia seguinte. Esses dois métodos somados produzem um pensamento difuso que enriquecerá muito mais a solução do problema.

Temos assim a melhor desculpa – baseada em evidências – para não fazer hoje o que você pode deixar para amanhã!

Essa é uma ideia promissora que pode ter múltiplas aplicações nos projetos de aprendizagem, inclusive como forma de direcionar os sonhos. O segredo é saber interromper a atividade na hora certa para que a melodia da aprendizagem não saia da cabeça.

7

Vimos até aqui algumas estratégias práticas para organizar o tempo produtivo e o de descanso. Para facilitar, listo algumas orientações:

(a) Descubra seu cronotipo. Quanto mais a nossa vida estiver sincronizada com as oscilações fisiológicas produzidas pelo nosso cérebro, melhor será o nosso desempenho;

(b) Estabeleça uma rotina consistente, inclusive nos fins de semana, com horários regulares para dormir e acordar, em conformidade com o seu cronotipo;

(c) Reserve todos os dias de oito a nove horas de *oportunidade de sono*, mesmo que não consiga dormir por tanto tempo. A performance intelectual está diretamente relacionada com a qualidade do sono, que por sua vez tem a ver com a quantidade de tempo reservado para isso e a capacidade de usufruir todos os estágios de modo eficiente;

(d) Descubra seus *horários nobres*, aqueles em que há um pico de energia mental, e organize a sua agenda de acordo com esses momentos;

(e) Reserve de três a cinco horas de seus horários nobres para as atividades mais relevantes e que exigem maior esforço cognitivo, trabalhando com foco total e livre de distrações. Adote a máxima *horários nobres, tarefas nobres*;

(f) Planeje com antecedência as tarefas que irá realizar durante os horários nobres, evitando gastar o seu precioso pico de energia mental com tarefas secundárias ou instrumentais;

(g) Mantenha-se o máximo possível em modo off-line durante os horários nobres para evitar distrações. Escolha um lugar que garanta o máximo de concentração possível;

(h) Se durante o trabalho focado você conseguir alcançar o estado de *flow*, aproveite-o. Não deixe que nada menos importante atrapalhe esses momentos mágicos de imersão, pois são eles que proporcionam a máxima aprendizagem, além de gerar uma satisfação motivadora;

(i) Mesmo em regime de trabalho focado, procure fazer pausas frequentes para recarregar as energias. Evite passar mais de cinquenta minutos em regime de foco intenso (salvo se alcançar o *flow*) e intercale os momentos de alto esforço cognitivo com descansos efetivos. A proporção 70% de foco para 30% de descanso pode servir de base;

(j) Em atividades criativas, evite estabelecer controles rígidos do tempo, pois pode atrapalhar o fluxo de ideias e quebrar a linha de raciocínio. Para atividades menos criativas, o controle do tempo pode ser útil. Há vários aplicativos que podem ajudar, como os que reproduzem o método Pomodoro;

(k) Nos intervalos, siga as recomendações sistematizadas por Daniel Pink para garantir o descanso efetivo, ou seja, procure se movimentar ao ar livre, conversar com outras pessoas, se desconectar da internet e relaxar a mente;

(l) Use seus horários de baixa energia mental para tarefas menos desgastantes, dando preferência para atividades que preparam para os momentos mais ativos, como planejamento, seleção e organização de material, definição de metas etc.;

(m) Se você estiver engajado em alguma tarefa que exija criatividade, use os horários de menor energia para o processamento difuso do pensamento. Algumas atividades, como caminhar, dirigir, tomar banho, tirar uma soneca ou realizar exercícios físicos menos intensos, podem estimular novas ideias e auxiliar na solução de problemas complexos. Crie o hábito de registrar o que surgir nesses momentos;

(n) Se você quiser procrastinar em seus horários de baixa energia, não se preocupe e faça isso sem crise de consciência, pois o cansaço mental é uma resposta fisiológica que não está totalmente sob o nosso controle. Se for possível, consuma lazer intelectual, tentando extrair algo de positivo desses momentos;

(o) Caso costume gastar muito tempo em deslocamentos, esperando ou em outras atividades sem valor intrínseco, procure preencher esses períodos com lazer intelectual. Podcasts, livros e audiolivros são perfeitos para isso;

(p) Antes de dormir, procure ler, refletir ou anotar em um papel os pontos mais relevantes que você deseja consolidar na memória. Escolha tópicos importantes que possam gerar uma conexão emocional. Conte com a ajuda da sua fábrica de pensamentos noturna para fixar isso em sua mente.

As orientações acima são apenas princípios gerais para ajudá-lo a montar uma agenda voltada à aprendizagem. Cada um deve montar a sua rotina de acordo com as próprias circunstâncias. E tenha sempre em mente que a preocupação com um método de trabalho não pode tornar-se uma obsessão a ponto de causar ansiedade. Qualquer fator que possa afetar de forma negativa o estado mental atrapalha o processo. Por isso, é melhor tratar a agenda apenas como um plano geral, provisório e flexível.

Além disso, saiba que a rotina é formada, em grande parte, por hábitos que vamos construindo, consciente ou inconscientemente, ao longo da vida. Muito daquilo que fazemos ou deixamos de fazer, pensamos ou deixamos de pensar, sentimos ou deixamos de sentir não é produzido por escolhas conscientes e deliberadas, mas pela conveniente tendência de seguir o fluxo do hábito.

6. Configure seus hábitos

Nós somos o que fazemos repetidamente.
A excelência, portanto, não é um ato, mas um hábito.
Aristóteles

1

Vimos que os alunos que apresentam uma atitude positiva em relação à aprendizagem costumam ir melhor no Pisa do que aqueles que se identificam com a mentalidade fixa. Mas existe outro aspecto que pode prever ainda melhor o desempenho acadêmico do que a atitude mental. E não é inteligência, renda familiar, qualidade da escola ou algum tipo de talento especial. É a predisposição para responder o maior número de perguntas do questionário preliminar de modo espontâneo. Isso mesmo: é possível ver quem terá um desempenho melhor na prova só de contar quantas questões foram respondidas.

O referido questionário não influencia a nota do teste, pois o seu objetivo é apenas coletar dados sobre os participantes. Portanto, nenhum aluno é obrigado a respondê-lo. Além disso, é um questionário longo, com mais de 120 questões, que se referem a assuntos pessoais, sociais e educacionais. Ou seja, pode ser bastante entediante. Por isso, é comum os alunos deixarem entre dez e vinte questões em branco.

Em 2002, Erling Boe e mais dois colegas da Universidade da Pensilvânia investigaram se havia alguma correlação entre a quantidade de questões respondidas no questionário preliminar e o resultado do teste.[1] A análise não levou em conta o desempenho individual de cada aluno, mas o quadro geral por país. O resultado foi surpreendente: havia uma *correlação perfeita* entre a média de respostas e a colocação do país. Assim, a nação que ficou em primeiro lugar no teste também foi aquela em que os alunos haviam respondido em média mais questões preliminares. O mesmo ocorreu com o segundo lugar e assim por diante. Desse modo, em tese seria possível descobrir quais países terão os melhores desempenhos antes mesmo de corrigir as provas.

Ao que parece, os alunos que se dão ao trabalho de preencher o questionário estão mais engajados, focados e motivados a realizar uma prova bem-feita. Se fazem isso com uma tarefa enfadonha, longa e optativa, sem dúvida também o fazem em todo o processo de aprendizagem. Com esse espírito, o sucesso acadêmico é praticamente inevitável.

Persistência? Perseverança? Força de vontade? Seria esse o segredo da excelência? A resposta é sim e não. A excelência é, sem dúvida, resultado de um tipo especial de obstinação para perseguir objetivos de longuíssimo prazo com constância e consistência. Se você quer ser um ótimo violinista, que poderia ser contratado por qualquer orquestra sinfônica do mundo, prepare-se para treinar bastante, provavelmente por mais de uma década, e ainda assim sem garantia de sucesso. E o mesmo vale para outras áreas menos competitivas. Se você deseja adquirir o conhecimento e as habilidades necessárias para ser aprovado em um concurso público, precisará de alguns anos de preparação árdua, o que exigirá certa dose extra de força de vontade, sobretudo naqueles momentos de crise motivacional, em que todas as forças parecem conspirar contra você.

Mas há duas formas bem diferentes de interpretar esse mesmo fenômeno. A primeira costuma ser a mais difundida: para alcançar a excelência em qualquer área, é preciso ter uma enorme força de vontade. Ou você está disposto a sacrifícios extenuantes ou estará fadado a permanecer no nível da mediocridade. Nessa perspectiva desencorajadora, apenas aqueles que foram agraciados com uma *garra* quase sobre-humana serão capazes de alcançar o topo. Sem uma mentalidade de superação, resistência e resiliência, seria melhor nem começar.

A outra forma é um pouco menos intuitiva, porém mais realista. É uma perspectiva que não foca tanto na força de vontade, mas sobretudo na habilidade de aderir a um sistema de rotina eficiente que propicie o constante aprimoramento pessoal. Assim, o sucesso dependeria mais dos pequenos hábitos que cultivamos todos os dias do que das ações e dos esforços grandiloquentes. Essa é a perspectiva da superaprendizagem, que pressupõe que aqueles que souberem usar a homeostase e a plasticidade cerebral com inteligência, ampliando e fortalecendo com paciência as conexões neurais, já estão em condições de alcançar a excelência. Caminhando devagar na direção certa, os resultados vêm naturalmente.

A lógica dessa perspectiva se baseia na ideia de que nosso corpo e nossa mente estão preparados para responder aos estímulos do ambiente de modo a adaptar constantemente a sua fisiologia em busca da estabilidade e da economia energética. Quando realizamos uma prática deliberada, consistente, progressiva, intensa e planejada, nosso cérebro muda o padrão de funcionamento, passando a se acostumar com aquele estado para se ajustar aos novos níveis de exigência, num processo que se torna cada vez mais fácil. Desse modo, basta aproveitar essa tendência à estabilidade para o desenvolvimento ocorrer de forma espontânea.

Nesse processo, a principal função da força de vontade é dar um empurrãozinho nas fases iniciais de adaptação fisiológica que, em geral, exigem um pouco mais de empenho. Mas a quantidade de esforço pode ser dosada de acordo com a motivação. Por isso, é possível evoluir mesmo com pouca força de vontade, embora nesse caso ocorra de modo mais lento. De todo modo, se formos capazes de otimizar a preguiça com inteligência e de modo consistente, conseguiremos avançar no nosso próprio ritmo.

2

Nos anos 1970, o psicólogo Walter Mischel, da Universidade Stanford, desenvolveu um engenhoso experimento que ficou conhecido como "teste do marshmallow", um clássico da ciência da força de vontade.[2]

O pesquisador oferecia a uma criança escolher entre comer um marshmallow agora ou dois após quinze minutos, durante os quais a criança ficava sozinha na sala com o doce. Se resistisse à tentação, ganharia como prêmio um segundo marshmallow. Do contrário, teria que ficar satisfeita com aquele que já havia comido. Algumas crianças conseguiam concluir o teste. Outras, porém, preferiam o prazer imediato e perdiam a chance de ganhar a recompensa.

Mischel descobriu que a capacidade de passar no teste do marshmallow parecia ser um bom instrumento para prever o futuro acadêmico e profissional daquelas crianças. Em geral, as com maior autocontrole tiveram ao longo da vida desempenhos acadêmicos melhores, índices de massa corporal mais saudáveis, menos risco de se viciar em drogas e álcool, melhores condições financeiras, e assim por diante.

Esses resultados devem ser interpretados com muita cautela. Em primeiro lugar, a correlação estabelecida não é tão grande quanto se imagina. Muitas crianças que passaram no teste não tiveram uma vida bem-sucedida, e muitas que não passaram conseguiram se destacar.

Além disso, a capacidade de autocontrole não é uma característica fixa, que as pessoas têm ou não. Na verdade, é uma capacidade que depende bastante do contexto. Se uma criança faminta fizer o teste, provavelmente irá fracassar. No entanto, essa mesma criança pode ter um desempenho melhor se estiver com a barriga cheia. Até mesmo o horário pode influenciar o resultado. Se for feito durante os horários mais ativos, a chance de resistir à tentação é bem maior. Além disso, se o prêmio for prometido por alguém de confiança, a tendência é que mais crianças se esforcem para adiar a recompensa. Assim, a capacidade de manter o autocontrole é apenas um dos fatores que podem influenciar o resultado do teste do marshmallow.

No entanto, o ponto mais importante não está relacionado à força de vontade, nem à capacidade de adiar recompensas ou ter um pensamento orientado para o futuro, mas às estratégias usadas pelas crianças que passam no teste para vencer a tentação. Elas desenvolveram mecanismos para não depender tanto da capacidade de autocontrole. Nessa arena, a estratégia foi mais relevante do que a força.

Isso fica muito claro quando assistimos aos vídeos das crianças, que estão disponíveis no YouTube. Em poucos minutos, é fácil saber quem irá ou não resistir. Em geral, as bem-sucedidas tentam mudar o foco da atenção e não ficam olhando para o marshmallow, o que só aumentaria o desejo e tornaria o desafio mais difícil. Elas preferem pensar em outra coisa, evitando ter que depender apenas da força de vontade. Fecham os olhos, desviam a vista para o lado, se levantam, procuram outras atividades. Já as que não conseguem passar no teste são justamente as que não param de pensar no doce. Elas seguram, olham e cheiram o marshmallow, até que o colocam na boca.

Se analisarmos com atenção, veremos que as crianças que comeram o doce foram as que mais exerceram a força de vontade, pois precisaram resistir com muito mais intensidade ao desejo. Elas não pararam de pensar no marshmallow! No entanto, embora tenham feito muito mais esforço cognitivo, não usaram a força de vontade com sabedoria, pois não foram capazes de criar estratégias de mudança de foco e poupar a energia mental. É como se elas tivessem lutado contra o desejo de comer empurrando a tentação para cima, em vez de se desviar dela.

Esse experimento demonstra que é um erro correlacionar o fracasso à falta de força de vontade. Tão importante quanto a perseverança é a capacidade de criar estratégias para orientar a ação sem depender demais da força de vontade. Não basta ser disciplinado, autocontrolado e obstinado, é preciso olhar um pouco menos para o doce e mirar um pouco mais à frente, canalizando o foco para a direção correta.

Brain Hack

O psicólogo Philip Zimbardo também fez vários experimentos com o teste do marshmallow e chegou a resultados semelhantes, de que a capacidade de adiar recompensas é uma das principais habilidades para alguém conseguir evoluir. Além disso, ele desenvolveu um exercício bem simples para aprimorar a capacidade de manter o pensamento no futuro.[3] Zimbardo propõe que, de tempos em tempos, façamos um esforço de imaginação para tentar conectar o "eu-presente" com o "eu-futuro". Parece complicado, mas não é.

Imagine-se escrevendo uma carta para você mesmo daqui a vinte anos e descreva o que está fazendo hoje e o que ainda pretende fazer no curto prazo para tornar a vida do seu eu-futuro melhor. Depois faça o caminho de volta: imagine-se daqui a vinte anos e responda a carta, no entanto dê um toque mais pessimista. Pense que seus planos falharam e explique o que deu errado e indique o que você deveria ter feito hoje para evitar isso.

> Esse exercício aparentemente banal tem um enorme poder de transformação, pois nos permite perceber com mais precisão que aquilo que fazemos hoje pode afetar profundamente o que seremos amanhã. Há, inclusive, um site (www.futureme.org) que permite que você escreva um e-mail para si mesmo no futuro. Basta colocar o endereço eletrônico e dizer a data em que quer receber a mensagem. É meio maluco, mas pode ser uma forma interessante de criar uma relação com os seus vários "selfs" ao longo dos anos. Você pode, por exemplo, falar sobre os seus interesses presentes, os planos para o futuro e o seu nível atual de conhecimento, criando um parâmetro de comparação. Essa conexão entre passado, presente e futuro cria um senso de continuidade essencial para projetos de aprendizagem de longo prazo. Devo confessar que receber um e-mail do seu eu-passado é uma experiência incrível.

Outro experimento muito impactante para a ciência da formação de hábitos foi conduzido pelo psicólogo Roy Baumeister, em 1998.[4] Ele selecionou 67 estudantes para participar de um estudo sobre inteligência, mas não disse exatamente do que se tratava. A única informação que os voluntários receberam foi que teriam que ficar três horas de jejum antes de ir ao laboratório onde seriam realizados os testes. Ao chegar, cada participante era conduzido para uma determinada sala, onde aguardaria o início. O detalhe é que a sala tinha dois tipos de comida. Em uma bandeja estavam apetitosos chocolates, e na outra havia alguns rabanetes sem graça.

Os participantes foram divididos em dois grupos. A todos foi dito que deveriam se alimentar enquanto aguardavam o teste, para que a fome não atrapalhasse o desempenho. No entanto, um grupo podia comer o que quisesse e o outro só podia comer rabanete. A ideia era fazer com que os últimos gastassem energia mental tentando resistir à vontade de comer chocolate. Assim, durante o teste, todos estariam bem alimentados, mas os membros do segundo grupo estariam mentalmente esgotados.

Depois de esperar na sala por cerca de cinco minutos, cada participante tentaria resolver um problema de geometria, sem saber que era impossível de ser solucionado. O objetivo era analisar quanto tempo cada grupo demoraria para desistir. A diferença foi significativa. Os estudantes que só puderam comer rabanetes desistiram após 8,35 minutos, em média. Por outro lado, os que puderam comer à vontade tentaram por 18,90 minutos. De acordo com Baumeister, o esforço mental feito para resistir à tentação de comer chocolate gerou mais gasto energético, o que por sua vez reduziu a disponibilidade de energia para o exercício de outras funções cognitivas.

Essa experiência é a base da *teoria do esgotamento do ego* [*ego depletion theory*]. Nessa perspectiva, a força de vontade seria como um músculo, que pode chegar à exaustão quando usado demais, mas por outro lado pode ser treinado e fortalecido para expandir sua capacidade. É bastante útil acreditar que ela é um recurso limitado, desde que se creia também que é possível expandir com a prática a capacidade de autocontrole ou desenvolver estratégias para diminuir o gasto energético decorrente da necessidade de resistir às tentações.

Quando partimos do princípio de que a força de vontade é um recurso escasso, nos tornamos muito mais prudentes e direcionamos nossos esforços ao que realmente consideramos relevante. Assim, passamos a organizar a vida de modo mais inteligente, com a consciência de que nem sempre é possível alcançar todos os objetivos. Além disso, passamos a tratar a força de vontade como um músculo que pode ser desenvolvido com um treino adequado.

Por fim, e este é o ponto mais relevante, saberemos planejar nossa vida de modo a não depender tanto da força de vontade, pois teremos consciência de que nem sempre poderemos contar com ela.

3

Uma maratona costuma ser definida como uma corrida de 42,195 quilômetros. Porém, quem já participou de uma prova sabe que é mais do que isso. Ela é, na verdade, um desafio que começa muito antes da largada. Quem corre uma maratona em geral passa por inúmeras etapas e sabe que vários pequenos passos precisam ser dados antes de cruzar a linha de chegada. Esse processo longo e gradual demanda paciência, perseverança e pequenas doses diárias de força de vontade. Quem consegue sai fortalecido física e mentalmente. Nesse sentido, a maratona pode ser considerada uma espécie de doutorado em desenvolvimento pessoal.

Com essa ideia em mente, Andrew Johnston, professor de ciência da administração em vários programas de MBA, criou em 2013 uma disciplina chamada "*change through challenge*" [mudança através do desafio].[5] A premissa é bem simples: habilidades como persistência e determinação podem ser desenvolvidas quando se treina para uma maratona. A pessoa aprenderia que não existem atalhos e que nada acontece do dia para a noite. Ou você segue os planos de treinamento e se dedica por meses a uma prática deliberada ou não conseguirá alcançar a linha de chegada. Como ele explica, "não se trata de fazer coisas grandes de vez em quando, mas de fazer coisas pequenas de forma consistente". Por isso, tudo o que os alunos precisavam fazer para passar na disciplina era correr uma maratona até o dia do exame final.

A ideia de Johnston de propor esse desafio como forma de desenvolver a capacidade de superação é inspiradora, mas deve ser vista com cautela. O aspecto positivo vem da crença de que a perseverança, o autocontrole, a orientação para o futuro etc. são capacidades que podem ser aprimoradas. Elas são como os músculos, que podem ser desenvolvidos com a prática, e não qualidades inatas que só algumas pessoas têm. Assim, a premissa da disciplina está a princípio correta.

Brain Hack

Esportes como corrida, natação, ciclismo, musculação etc. são excelentes para visualizar os efeitos da prática deliberada e da homeostase. Com pouco tempo de prática é possível notar a evolução e como o corpo vai se adaptando a cada nova fase do treinamento. Além disso, há vários aplicativos e acessórios que ajudam a monitorar com precisão o progresso, como Nike Run, Strava, Runstatic, Garmin, Apple Watch etc. Mesmo que você não seja um esportista, vale a pena conhecer esses aplicativos, pois utilizam técnicas avançadas de motivação, como o engajamento social, a gamificação e o uso de *primings* (ou gatilhos), que podem ser adaptadas a aprendizagem.

Há, contudo, alguns aspectos negativos, pois nem todo mundo tem estrutura física ou motivação para aderir a um plano de treinamento tão rigoroso. De todo modo, mais relevante do que concluir a maratona é perceber a importância de hábitos que proporcionam as condições necessárias para participar de uma corrida de longa distância de modo sustentável.

Não é apenas treinar vários dias por semana durante meses, mas aderir a um sistema complexo de exigências de vários níveis — pessoal, familiar, social, mental, físico, nutricional etc. — que se entrelaçam a curto, médio e longo prazos. Esse talvez seja um dos pontos mais importantes, pois irá refletir de modo direto em qualquer projeto, inclusive de aprendizagem. Desde o início, estamos tratando a superaprendizagem como um estilo de vida, e não apenas como uma técnica de estudo direcionada à obtenção de resultados. Isso não é por acaso. O sacrifício, o esforço e a frustração são ingredientes de um projeto de longo prazo, cuja recompensa é o próprio crescimento intelectual. É por isso que estamos sempre em busca de dar o passo seguinte, enfrentar novos desafios e ampliar os horizontes. Os resultados surgem apenas como efeitos colaterais positivos. O foco é no processo, e não nos objetivos.

Viver em função de metas pode até atrapalhar o desempenho, pois gera ansiedade. Quem está em busca de determinado objetivo se sente frustrado até que seja concluído. É uma sensação desconfortável que contamina o humor e a atitude mental, levando muitas vezes ao fracasso prematuro. Mesmo quando o objetivo é alcançado, o problema continua, pois a sensação de vitória é logo substituída por um vazio, decorrente da perda de um propósito. A partir daí, só há duas opções: aproveitar o resíduo do sucesso temporário até que deixe de fazer sentido, ou estabelecer um novo objetivo, dando continuidade ao ciclo do fracasso que antecede a conquista. Em qualquer caso, a pessoa estará frustrada, pois estabeleceu expectativas que talvez não se concretizem. Já quem se orienta pelo sistema se sente motivado a continuar toda vez que ele é aplicado. Assim, a vontade de continuar é renovada regularmente.

Como se vê, há uma diferença muito clara entre focar no objetivo e no sistema. No primeiro caso, a pessoa só quer vencer o jogo. Já no segundo, quer continuar jogando. Um exemplo bem prático pode ser encontrado se pensarmos numa dieta. Quem deseja perder dez quilos em três meses está em busca de resultados e, como demoram a aparecer, a pessoa fica com a sensação de que está falhando, o que pode minar a motivação.

Por outro lado, quem se orienta por um sistema adota uma atitude bem diferente, pois não estabelece metas rígidas e prazos inflexíveis, além de tratar metas apenas como marcadores para medir o progresso, e não um fim em si mesmo. Sua preocupação central é aderir a um programa de alimentação saudável que seja sustentável no longo prazo, um novo hábito a ser integrado na rotina. Toda hora o sistema é posto à prova, o que exige ações que gerem satisfação imediata. Um simples copo d'água é capaz de nos deixar felizes ao percebermos que o sistema está fluindo. Assim, os resultados surgem não de uma meta, mas de um processo contínuo.

A disciplina de Andrew Johnston era orientada por metas. Em vez de mostrar a importância de um sistema autossustentável de exercícios diários, regulares e progressivos, ele propôs um objetivo. No entanto, para mim só é bem-sucedido quem segue um sistema de pequenos hábitos compatíveis com o estilo de vida de um corredor de longas distâncias. É isso que faz diferença a longo prazo. E o mais interessante é que dominar esse processo talvez seja mais fácil do que parece.

4

Assim que o aviso sonoro tocou, as portas do labirinto se abriram. O rato tinha duas opções: ir para a direita ou para a esquerda. Na primeira vez, optou pela esquerda e encontrou um saboroso pote com achocolatado. Na segunda, correu para a direta e não encontrou nada. Depois, o rato percebeu que o som havia se tornado mais grave. Mesmo assim, manteve a aposta e correu para a esquerda. Não achou nada. Quando tocou de novo, tentou o caminho da direita e encontrou o doce tão almejado.

Após repetir a situação dezenas de vezes, o rato havia decifrado o enigma. Quando o som era agudo, ele devia correr para a esquerda; quando era grave, devia correr para a direta. Essas instruções sonoras ficaram tão automatizadas no cérebro do animal que ele continuou fazendo isso mesmo quando o prêmio foi substituído por uma mistura química que causava enjoo.

Em um dos estudos mais importantes sobre o processo de formação de hábitos, a pesquisadora do MIT Ann Graybiel analisou a atividade cerebral do rato durante todo esse processo.[6] Ela queria compreender quais os mecanismos neurológicos que possibilitam a conversão de um comportamento em hábito ou rotina automatizada. O que ela descobriu foi fascinante.

Nas primeiras tentativas, o hábito ainda não está formado. Os sons, as portas, os caminhos, tudo é novidade para o rato, que passa por uma fase inicial de exploração, avaliação de risco e grande esforço cognitivo para tomar uma decisão. No nível cerebral, isso se traduz em uma intensa ativação do corpo estriado, que como já vimos é uma parte do cérebro envolvida na tomada de decisão. À medida que os estímulos externos vão se repetindo, a ativação do corpo estriado vai sendo reduzida. Os sons se tornam mais familiares, os caminhos deixam de ser desconhecidos e a expectativa do prêmio vai se confirmando. O rato começa a identificar os padrões do jogo. Som agudo, dobrar à esquerda, receber o prêmio. Som grave, dobrar à direita, receber o prêmio. Com isso, não há necessidade de tanto esforço cognitivo para tomar uma decisão. Afinal, ele já sabe o que fazer.

Por fim, depois de repetir a mesma tarefa centenas de vezes, aquele hábito se consolida na mente do rato e, a partir daí, a ativação do corpo estriado se torna mínima, ocorrendo apenas em dois momentos: quando o som toca e quando a recompensa é recebida. Entre essas duas ações quase não há ativação, como se ir para a direita ou para a esquerda fosse uma decisão tomada de forma automática.

O que acontece no nosso cérebro durante o processo de formação de hábitos é muito parecido. No início, quando estamos diante de uma situação nova que demanda decisão, o esforço cognitivo é bastante intenso. À medida que a situação se torna mais familiar, o esforço vai diminuindo até se transformar em automático. Chega um momento em que o hábito está tão consolidado que continuamos agindo igual mesmo sem um prêmio.

Charles Duhigg explica que há basicamente três componentes no processo de formação de hábitos: o gatilho, o comportamento e a recompensa.[7] De um modo simplificado, eles se formam a partir de determinadas deixas, que impulsionam comportamentos automáticos e produzem uma recompensa para o cérebro. Por exemplo, na experiência do ratinho no labirinto, o som agudo é o gatilho que comanda o comportamento automático de dobrar à esquerda para receber o chocolate como recompensa. Compreender esse fenômeno é de grande importância para ter mais controle sobre nossas vidas. Afinal, somos resultado de um conjunto de hábitos que se formam na nossa mente apenas pela repetição diária. O problema é que o hábito é uma faca de dois gumes. O mesmo processo que leva uma pessoa a ler algumas páginas de um livro antes de dormir ou a correr dez quilômetros de manhã também pode levar a se viciar em comidas pouco saudáveis, bebidas alcoólicas ou outras substâncias negativas para o corpo. Ter a consciência de como isso ocorre é o primeiro passo para reassumir as rédeas da própria existência e construir um sistema de vida mais pleno.

No entanto, como podemos dominar esse processo? O ponto de partida é compreender que o controle dos hábitos envolve três fases que devem ser seguidas em determinada ordem. A primeira é *identificar os hábitos* que devem ser adquiridos ou substituídos. A segunda é *estabelecer uma estratégia de consolidação* dos novos hábitos. Só depois, se for o caso, é que podemos pensar em *aprimorar os hábitos* formados para que o sistema evolua.

Antes de explicar cada uma dessas etapas, faço um alerta: não se deve colocar a carroça na frente dos bois. Não adianta querer aprimorar um hábito antes de consolidá-lo. A primeira preocupação deve ser criar e consolidar. Só depois é que podemos desenvolvê-los. A razão disso está no corpo estriado. O processo de formação de hábitos envolve a gradativa diminuição do esforço cognitivo pela repetição. Se a pessoa, antes que o cérebro se acostume àquele padrão de conduta, está sempre criando novas dificuldades, então o cérebro estará sempre em atividade e o esforço cognitivo será alto.

Por isso, é fundamental não se preocupar com o desempenho ao consolidar um hábito. Na verdade, quanto mais baixa for a meta, mais fácil será. E este é o grande segredo: comece com tarefas pequenas! O comportamento deve ser tão fácil que não deixe espaço para desculpas.

Lembre-se: a fase inicial de consolidação do hábito é de forte ativação do corpo estriado. Portanto, demandará algum esforço cognitivo e, ao mesmo tempo, uma enorme regularidade na prática daquele comportamento. Portanto, você deverá se sacrificar por algum tempo. Se começar com pretensões muito altas, provavelmente desistirá no meio do caminho. O segredo é facilitar o processo para que, na fase inicial, tenha o menor desgaste possível.

> **Brain Hack**
>
> O professor B. J. Fogg, da Universidade Stanford, tem uma regra prática bem interessante para essa fase inicial de consolidação do hábito. É a "regra dos dois minutos"[8] Em termos bem simples, ela estabelece que, ao começar um hábito novo, você deve optar por ações que levem menos de dois minutos para serem feitas. Isso significa assumir compromissos sempre menores do que é capaz. Se você acredita que pode ler dez páginas por dia tranquilamente, comprometa-se com apenas uma página nos primeiros dias, até isso se tornar automático. Essa técnica traz dois benefícios imediatos. Primeiro, você não terá desculpas para não cumprir. Afinal, é apenas uma página. Além disso, tudo o que você ler para além da página "obrigatória" será muito mais prazeroso, pois a motivação será de fato fruto de um desejo espontâneo de ler.
>
> Se você quiser experimentar essa técnica, proponho que comece com o *teste da garrafinha de água*. O primeiro passo é estabelecer uma ação bem fácil de realizar que esteja de acordo com esse hábito. Por exemplo, ter sempre uma garrafa de água ao seu lado, o que não toma mais de dois minutos. Comprometa-se a levá-la aonde for. No início, você se esquecerá algumas vezes. É o esperado, pois o comportamento ainda não está automatizado. Nessa etapa inicial, basta que faça um esforço para lembrar sempre que possível. Depois de alguns dias (no meu caso, foram sete), você começará a sentir falta da garrafa: é o gatilho começando a fazer efeito. É provável que, depois de aproximadamente trinta dias, você esteja de tal modo dependente que ficará muito incomodado quando a garrafa não estiver por perto. A partir daí, parabéns! Você acaba de consolidar um novo hábito bem saudável!

Após selecionar um comportamento que deseja transformar em hábito, o próximo passo é simples: vincule-o a determinado gatilho mental e o ative todos os dias, repetindo-o até se tornar automático. O ideal é que esses gatilhos sejam incorporados à rotina, para que o novo comportamento se consolide mais rápido.

Para ilustrar, imagine que você queira começar a escrever. O primeiro passo é assumir um compromisso fácil de ser cumprido e estabelecer um horário fixo. Por exemplo, você pode se sentar todos os dias após o café da manhã na frente do computador para escrever um parágrafo de baixa qualidade. Isso mesmo! Nesse primeiro momento, não cobre perfeição. O importante é repetir até ficar automático. Chegará um momento em que você conseguirá escrever dois, três, cinco, dez parágrafos todos os dias. E a qualidade do material também tende a melhorar com a prática.

Essa proposta é baseada em uma estratégia desenvolvida pelo humorista Jerry Seinfeld.[9] Ele sabia que, para ser um bom humorista, era necessário praticar muito e criar piadas cada vez melhores. Para isso, estabeleceu uma meta de escrever pelo menos uma piada todos os dias, sem exceção. Se perdesse um dia, a tarefa estaria entre as prioridades do dia seguinte. A qualidade não interessava tanto — o importante era manter a consistência.

Para ter algum controle, ele marcava com um grande X vermelho num calendário todos os dias que conseguia cumprir a meta. Segundo Seinfeld, o fato de poder visualizar o hábito gerava um estímulo para querer continuar. Esse método aparentemente banal é bastante efetivo a longo prazo, pois incorpora várias ideias que podem servir de inspiração para quem pretende adotar novos hábitos.

Em primeiro lugar, a tarefa é relativamente simples de ser executada. Como o importante não é a qualidade, não há razão para deixar de fazê-la. Assim, a técnica cumpre um dos requisitos mais básicos no processo de formação de um hábito: ser fácil. Em segundo lugar, cria um senso de continuidade que produz satisfação imediata quando concluída e um sentimento de incômodo ao quebrar a corrente. Com o tempo, a tarefa se torna um hábito tão automatizado que não fazê-lo pode até mesmo provocar uma crise de abstinência. Por fim, o calendário na parede funciona como um gatilho visual permanente para estimular a continuidade do esforço e, ao mesmo tempo, lembrar ao inconsciente da importância de seguir pensando no assunto.

> **Brain Hack**
>
> Existe uma técnica de estudo muito eficiente inspirada nesse modelo do Seinfeld. Há várias versões, porém a mais simples é usar post-its para anotar as informações mais importantes que foram assimiladas ao longo do dia e colá-los nas paredes. Ao fazer isso, o estudante tem uma assimilação do conteúdo mais focada, engajada e ativa por precisar organizar os tópicos relevantes; tem a sensação de continuidade, regularidade e progresso, o que funciona como *primings* de aprendizagem, ao ver a parede sendo preenchida; e ainda possibilita um mecanismo difuso de revisão.

São fórmulas assim — simples e efetivas — que produzem efeitos a longo prazo. Não precisamos de objetivos grandiloquentes, como ler um livro por semana, assistir a dez TED Talks por dia ou correr uma maratona. Tudo o que é necessário é um meio de garantir que as correntes de nossa curiosidade intelectual nunca sejam quebradas.

5

A formação de hábitos segue a lógica da lei de Hebb, que diz que neurônios que disparam juntos permanecem juntos. Quando você recebe determinado gatilho do ambiente, algumas células neurais disparam no cérebro. Se, logo em seguida, você acionar outras que comandam determinada ação, a tendência é que com o passar do tempo esses dois grupos de neurônios se conectem e permaneçam juntos.

Para entender como esse mecanismo pode ser poderoso, vale analisar um experimento conduzido por John Bargh, em 1996,[10] no qual trinta estudantes da Universidade de Nova York receberam um conjunto de palavras embaralhadas e precisaram montar frases que fizessem sentido. Por exemplo, um grupo recebeu as palavras "azul", "garagem" e "carro", que poderiam formar "o carro azul está na garagem"; outro recebeu "bingo", "sr. Pedro" e "neta", que formariam "o sr. Pedro foi ao bingo com a neta". No total, cada grupo recebeu cinco grupos de palavras, que seriam transformadas em frases.

O intrigante é o que acontecia depois. Após concluir o teste, o estudante voltava para as suas atividades normais. No entanto, ao se levantar da cadeira para seguir até a porta do laboratório, os pesquisadores cronometravam o tempo de caminhada, com o objetivo de saber se o conteúdo das frases poderia afetar a velocidade, induzindo-os a agir de acordo com representações mentais derivadas de sugestionamentos contidos nas palavras. Enquanto um grupo recebeu palavras mais neutras ("carro", "azul" e "garagem"), outro tinha termos ligados à velhice ("bingo", "sr. Pedro" e "neta"), o que afetou o tempo de caminhada: o primeiro grupo percorreu o caminho até a porta em 7,5 segundos, enquanto o segundo o fez em 8,5 segundos.

Para os pesquisadores, essa diferença pode ser explicada por um fenômeno denominado *priming*, que é o processo pelo qual a exposição a um estímulo tende a influenciar a resposta subsequente. De acordo com essa ideia, a mera exposição a estímulos relacionados a determinados estereótipos ou categorias conceituais pode gerar tendências comportamentais. No experimento de Bargh, os participantes que haviam formulado frases ligadas à velhice teriam sido sugestionados a caminhar mais devagar.

Ainda que esses experimentos sejam objeto de várias controvérsias, parece claro que as nossas ações são estimuladas por gatilhos mentais que estão fora do radar da nossa consciência. Assim, em termos práticos, devemos tentar eliminar ou tornar invisíveis gatilhos mentais que geram comportamentos improdutivos, dando destaque àqueles que podem levar à produtividade. Por exemplo, há estudos que demonstram que realizar uma tarefa com o smartphone à vista pode afetar a capacidade de concentração, pois costumamos associá-lo à distração. Por outro lado, fazer isso em um ambiente organizado e livre de distrações pode criar associações mentais que estimulam a produtividade.

Essa ideia pode ser chamada de *priming de aprendizagem*, que nada mais é do que a tentativa de controlar gatilhos mentais em favor da formação de hábitos intelectualmente saudáveis. É uma ideia bem próxima à ideia de *nudges de aprendizagem*, mas um pouco mais sutil, pois atua em um nível diferente.

Os *nudges*, como vimos, são atalhos criados para facilitar seguir determinada direção, como quando deixamos um podcast já conectado ao som do carro para tocar no caminho do trabalho. *Primings*, por outro lado, são gatilhos mentais que geram associações automáticas no cérebro, produzindo pensamentos, atitudes e ações. Por exemplo, quando vemos a foto de um sorvete de chocolate, ficamos com vontade de comer doces de modo quase automático. Isso é um *priming* muito utilizado pela publicidade. Inclusive, talvez só de ter lido este parágrafo você já tenha sentido vontade. Peço perdão por isso.

Perceba que tanto os *nudges* quanto os *primings* tentam influenciar o inconsciente a seguir numa determinada direção. A diferença é que os primeiros facilitam a escolha ao alterar o arranjo decisório, enquanto os segundos a sugestionam por meio de associações capazes de influenciar as atitudes. Assim, *nudges* facilitam a decisão, enquanto *primings* a sugestionam.

De certo modo, ambos são conceitos correlatos e complementares, até porque em alguns casos os *nudges* também podem gerar gatilhos mentais, funcionando como verdadeiros *primings* na formação de hábitos. Por exemplo, quando colocamos a roupa de corrida em um lugar acessível e visível, estamos criando um *nudge* para que, no dia seguinte, ao acordar, a decisão de praticar exercício seja facilitada. Mas, ao mesmo tempo, isso irá funcionar como um *priming*, pois o cérebro associará aqueles acessórios ao esporte, podendo criar uma predisposição mental de estímulo. Do mesmo modo, quando espalhamos livros pela casa, eles podem funcionar como *nudges de aprendizagem*, na medida em que permitem o fácil acesso ao material de leitura, e, ao mesmo tempo, induzir o cérebro a querer consumir aquele material, agindo também como um *priming de aprendizagem*.

Não devemos subestimar nem a influência dos *nudges*, nem dos *primings*, na formação dos nossos hábitos. Certamente, eles não são os únicos componentes de nossas escolhas e nem sempre geram os efeitos pretendidos. Mas podem ajudar. Por isso, é importante tentar controlar o ambiente que nos cerca para eliminar gatilhos mentais que podem atrapalhar o nosso desenvolvimento pessoal e inserir aqueles que estimulam o nosso aprimoramento.

Brain Hack

Cercar-se de *primings* motivacionais e intelectuais é um hábito comum entre vários *top performers*. A dica número um do livro *O código do talento*, de Daniel Coyle, é precisamente esta: "Olhe todos os dias para as suas imagens motivadoras".[11] Para ele, elas podem funcionar como fontes de energia para o cérebro ou modelos de inspiração.

Além de imagens, frases motivacionais também podem ajudar. É sempre bom cercar-se de inspiração para nos lembrar de caminhar na direção certa. Às vezes, tudo de que precisamos é de uma boa frase de efeito que nos empurre para a frente.

Por exemplo, colocar de plano de fundo do computador ou do smartphone imagens que possam gerar associações de ideias relacionadas à inteligência é um dos *primings* mais básicos de aprendizagem. Parece esquisito, mas há estudos científicos que indicam que mesmo detalhes banais podem influenciar o comportamento humano. Pesquisadores canadenses demonstraram que uma simples fotografia da estátua *O pensador*, de Rodin, pode produzir um aumento de performance em tarefas que exigem esforço cognitivo, já que gera uma associação inconsciente de ideias.[12]

> **Brain Hack**
>
> Na época em que estava prestando concursos, adotei a prática de estudar em bibliotecas pelo menos três vezes por semana. Foi uma forma que encontrei para construir um hábito de aprendizagem programada. Era como se fosse um compromisso moral que eu não podia deixar de observar. O objetivo, portanto, era apenas criar uma rotina produtiva. Hoje, acredito que essa escolha pode ter sido decisiva para o meu rápido desenvolvimento, em especial pelos *primings* de aprendizagem que existem naquele ambiente. Quando você se senta em uma biblioteca para estudar, sua mente recebe automaticamente diversos sinais que estimulam a aprendizagem, como estantes de livros, pessoas concentradas e grupos debatendo com empolgação. Todos esses pequenos sinais podem funcionar como estímulos sutis e inconscientes para a aprendizagem.

Outra forma de influenciar a si mesmo é ritualizar alguns comportamentos desejáveis, ou seja, estimular a repetição de condições que levam o organismo a se adaptar àquela situação. Quanto mais estímulos puderem ser ritualizados, mais rápido e fácil será o processo. Por exemplo, quando fazemos a mesma coisa no mesmo local e no mesmo horário, a tendência é que aquilo se transforme em um hábito após algumas repetições. Se acrescentarmos a isso alguns estímulos sonoros (uma determinada música-gatilho, por exemplo) ou até olfativos (um cheiro particular) ou algum tipo de ritual sinestésico (como um exercício físico, gestos ou uma dança), estamos criando mais associações capazes de fortalecer as conexões relacionadas a esse hábito. Mas tenha cuidado para não complicar demais. Quanto mais sofisticados forem os rituais de preparação, mais difícil será reproduzi-los. Portanto, simplifique e prefira gatilhos fáceis de replicar.

> **Brain Hack**
>
> O ideal é que, nesses rituais de preparação, saibamos usar os gatilhos corretos. Sons, lugares, imagens, cores, cheiros, movimentos etc. precisam ser escolhidos pelo poder de gerar energia positiva. Não adianta escolher uma música triste que já esteja associada a emoções negativas – opte por músicas motivacionais.

▼

Com gatilhos visuais, prefira cores abertas (verde, amarelo ou azul, por exemplo) a cores fechadas (como o preto e o vermelho). Tenha consciência de que as rotinas de preparação que você definir para a sua vida irão moldar o seu estado de espírito, a sua atitude e, consequentemente, as suas potencialidades cognitivas.

A postura também pode ser um gatilho potente. Amy Cuddy demonstrou que só de ficar alguns minutos na posição de "mulher-maravilha" ou de "super-homem" é o suficiente para alterar a fisiologia corporal e gerar mais confiança. Vale muito a pena assistir a sua palestra "A nossa linguagem corporal modela quem somos".[13]

Evite vincular a aprendizagem a sentimentos negativos. Metáforas como lutar, vencer, combater e outras coisas do gênero são perigosas, pois criam conexões automáticas entre o ato de aprender e a sensação de sofrimento. A aprendizagem não deve ser tratada como uma batalha diária entre o aprendiz e o material a ser consumido, mas sim como uma prazerosa jornada rumo ao crescimento intelectual. O esforço exigido para criar novas conexões neurais não é um estorvo, mas um desafio que estimula o progresso.

Há vários estudos científicos que indicam que estar de bom humor pode melhorar o desempenho cognitivo. Por isso, não tenha receio de montar os seus rituais de forma a gerar alegria e elevar o seu estado de espírito. Use a criatividade para tornar o seu projeto de aprendizagem mais divertido.

Essas estratégias vão funcionar? Provavelmente não do jeito que você gostaria. Os efeitos de um *priming* são muito sutis e nem sempre decisivos. Não basta assistir a uma propaganda de chocolate para que você pare tudo o que está fazendo para ir comer. Porém, mesmo que você não queira, a imagem do doce já terá penetrado na sua mente, e a forma como o inconsciente processará essa informação é imprevisível. Talvez, em algum momento do dia, você acabe comprando um chocolate sem saber que a vontade veio de uma propaganda vista horas antes.

O mais importante, contudo, é perceber que estímulos podem afetar o nosso estado mental e influenciar o comportamento de modo positivo ou negativo, inclusive em seus detalhes mais sutis.

6

Durante todo o século XX, a equipe britânica de ciclismo masculina havia conquistado apenas uma medalha de ouro em competições olímpicas. A partir dos anos 2000, o técnico David John Brailsford assumiu a direção da equipe, transformando-a em uma das melhores equipes de ciclismo da história. Para se ter uma ideia, somente nas Olimpíadas de Beijing, de 2008, e nas de Londres, de 2012, o time britânico conquistou dezesseis medalhas de ouro, seis de prata e quatro de bronze.

Um dos segredos do sucesso do método adotado pelo técnico se chama "*marginal gains*" [ganhos marginais].[14] A ideia é baseada no modelo de melhoria contínua (*Kaizen*) que havia sido desenvolvido por empresas japonesas algumas décadas antes. Em linhas muitos gerais, o princípio sugere decompor os pequenos fatores que podem influenciar o desempenho e tentar melhorá-los nos seus mínimos detalhes, visando detectar desperdícios, redundâncias e falta de eficiência para obter um ganho significativo a longo prazo.

É muito comum relacionar essa ideia ao slogan "1% todos os dias", que simboliza a necessidade de melhorar aos poucos, porém de modo consistente, cada aspecto da vida. Assim, se você decompuser todos os fatores que podem influenciar o desempenho em qualquer atividade e aprimorá-los em 1%, você terá um aumento de performance significativo ao juntar tudo. Mas esse percentual não deve ser levado ao pé da letra, até porque evoluir 1% todos os dias representaria um ganho de 3778% ao final de um ano. A proposta é apenas criar uma mentalidade de crescimento gradativo, contínuo e progressivo, inclusive nos aspectos que pareçam insignificantes à primeira vista, para que esse acúmulo de minúsculas melhorias possa proporcionar um poderoso efeito composto e multiplicador a longo prazo.

Com esse princípio em mente, Brailsford procurou elaborar um sistema de treino que não mirasse apenas no ciclismo em si, mas também em outros aspectos marginais que pudessem influenciar a performance dos atletas. Como informou James Clear, no início foram feitos pequenos ajustes que seriam esperados de uma equipe profissional.[15] Por exemplo, foram desenhados novos assentos mais confortáveis e testados produtos para melhorar a aderência dos pneus nas pistas. Além disso, os atletas passaram a usar calções eletricamente aquecidos para manter o músculo em uma temperatura ideal enquanto eram usados sensores de biofeedback para monitorar como cada um respondia a um treino específico. Os tecidos eram testados em um túnel de vento para tornar as roupas cada vez mais leves e aerodinâmicas.

Afora isso, Brailsford estimulou a equipe a encontrar pequenas melhorias em áreas negligenciadas e que não tinham relação direta com o esporte. Por exemplo, eles testaram diferentes tipos de gel de massagem para ver qual era capaz de levar a uma recuperação muscular mais rápida. Os atletas foram orientados por médicos especializados a adotar as melhores práticas de higiene das mãos para reduzir as chances de pegar um resfriado. Até mesmo os travesseiros e colchões eram testados para garantir a máxima qualidade de sono. E eles os levavam para os hotéis em que ficariam hospedados durante as provas para não correrem nenhum risco. Como explicou o técnico, "passo a maior parte do tempo tentando desenvolver um ambiente onde o ser humano pode progredir nos mínimos detalhes". Após cinco anos, o técnico garantiu que a equipe britânica de ciclismo se tornasse a melhor do mundo, levando 60% das medalhas de ouro nos Jogos Olímpicos de Beijing e garantindo que o desempenho se repetisse desde então.

O ponto mais relevante dessa forma de pensar não está relacionado necessariamente à alta performance no esporte, mas à ideia de que os resultados mais significativos que alguém pode almejar são conquistados a partir da adesão a um sistema de práticas cotidianas que proporcione a evolução gradativa. Isso envolve uma preocupação com aspectos mais relacionados à aprendizagem propriamente dita, como a hora do estudo, os materiais utilizados, as técnicas de leitura, de anotação e de revisão etc. Porém, até mesmo fatores considerados secundários ou marginais passam a ser objeto de reflexão para ser continuamente testados, repensados e refinados.

Para se ter uma ideia, até a temperatura do ambiente pode entrar na equação. Há estudos científicos que dizem que a temperatura ideal para se alcançar o máximo desempenho cognitivo é algo em torno de 21°C a 26°C. Em ambientes muito quentes ou muito frios, o cérebro precisa fazer um esforço extra para controlar a temperatura do corpo, o que pode prejudicar a motivação, a concentração e o desempenho mental.[16]

Outro "ganho marginal" que pode contribuir para a construção de um sistema de aprendizagem eficiente é a iluminação do ambiente. E não se trata apenas de ter um local bem iluminado para facilitar a leitura. Para além de melhorar as condições visuais, uma boa iluminação também funciona como um poderoso modulador do nosso ritmo circadiano, criando gatilhos mentais para a motivação, o foco mental e a performance cognitiva. Muitos estudos indicam que para isso a luz natural pode ser mais eficiente do que a artificial.[17]

Até mesmo o modo como organizamos o local de aprendizagem pode ter impacto no desempenho.[18] Trabalhar em mesas bem-arrumadas pode elevar a produtividade, gerando mais capacidade de foco, motivação e senso de continuidade. Por outro lado, trabalhar em locais mais desorganizados pode ter um impacto positivo na criatividade. Como ambientes bagunçados são menos lineares, são mais propícios a produzir ideias menos convencionais.

O importante disso tudo é compreender que a acumulação de pequenos hábitos, cultivados de forma consistente ao longo dos anos e aprimorados gradualmente de modo inteligente, é a fórmula mais poderosa de alcançar grandes resultados.

7. Configure seus treinos

Aqueles que treinam muito
não treinam duro.
Henry Thoreau

1

Elizabeth e Robert Bjork desenvolveram o conceito de *dificuldades desejáveis*, um dos mais relevantes na ciência da aprendizagem, que diz que, quanto maior for o esforço cognitivo exigido para processar a informação, mais eficiente será sua absorção. Dito de outro modo, alguns obstáculos que demandam mais engajamento mental podem contribuir para a consolidação da memória, aumentando o desempenho cognitivo.

Em um estudo realizado com estudantes da Universidade Princeton, Daniel Oppenheimer e seus colegas testaram essa ideia, mesclando cartões que continham informações impressas em três fontes diferentes: uma de leitura fácil (Arial) e as outras de leitura mais difícil e em tom mais claro (Comic Sans e Bodii).[1]

> ## Arial é de leitura fácil.
>
> ## Comic Sans é engraçada, mas difícil de ler.
>
> A Bodoni também não é tão fácil, sobretudo em tom de cinza.

Após uma fase de treino, os participantes foram submetidos a um teste de memorização e acertaram 72,8% das informações impressas com a fonte fácil, contra 86% das escritas com fontes mais difíceis.

O que é "fácil de ler" tende a ser recebido com menos esforço e, por isso, há um menor engajamento mental. Além disso, a facilidade gera a *ilusão de fluência*: o cérebro recebe a informação de forma passiva, entende o significado geral e evita fazer esforços desnecessários por achar que aquela informação será assimilada com facilidade. O resultado é que o conteúdo rapidamente é esquecido. Por outro lado, as fontes "difíceis de ler" transmitem um sinal para o cérebro aumentar o esforço cognitivo, gerando maior impacto na memorização. A dificuldade diminui a fluência, o que nos obriga a reduzir o ritmo da leitura e a prestar mais atenção. Com isso, o cérebro leva mais tempo para processar a informação, o que dá oportunidade de construir novas conexões neurais.

O importante é captar a essência por trás da ideia. A aprendizagem é a expansão gradativa de neurônios. Quando saímos um pouco da zona de conforto, estamos possibilitando a criação de novas conexões neurais e, como consequência, ampliando a nossa capacidade cognitiva. Por isso, algumas dificuldades podem ser úteis e até desejáveis, desde que sejam desafiadoras o bastante para estimular o cérebro sem atrapalhar. Ao contrário do que pode parecer, a inclusão planejada de algumas dificuldades desejáveis no processo de aprendizagem não gera, necessariamente, desmotivação. Na verdade, elas estimulam a mente a entrar em estado de *flow*.

Em seu livro *Super-humanos: Como os atletas radicais redefinem os limites do possível*, Steve Kotler afirma que o nível de dificuldade exigido para atingir o *flow* costuma girar em torno de 4% acima da zona de conforto de cada um, embora esse número possa variar bastante e dependa de muitos fatores.[2] Segundo Kotler, o *flow* aparece próximo ao ponto emocional entre o tédio e a ansiedade, no que os cientistas chamam de *canal de flow* — o ponto onde a tarefa é difícil o suficiente para nos desafiar, mas não o suficiente para nos destruir. Quão difícil é isso? As respostas variam, mas o pensamento geral é de cerca de 4%. É isso aí. Esse é o ponto ideal. Se você quiser desencadear o *flow*, o desafio deve ser 4% maior do que as habilidades.

Os projetistas de video game costumam utilizar uma técnica semelhante, chamada *curvas de dificuldade*, para manter os jogadores continuamente engajados na partida. Embora não exista uma curva ideal que se aplique a todas as situações, a fórmula-padrão costuma ser bem simples. A cada nova fase, há um pequeno aumento na dificuldade, pois se supõe que o cérebro se desenvolveu e se adaptou ao nível anterior, e assim o jogador se sente sempre desafiado.[3]

Essa fórmula tem um enorme potencial para a aprendizagem. As pessoas tendem a acreditar que o caminho mais fácil é sempre o melhor e buscam, em geral, estratégias de aprendizagem que não demandem tanto esforço. No fundo, o que querem é desfrutar de uma sensação de conforto e bem-estar. O problema é que a aprendizagem ocorre justamente na adversidade. É o esforço cognitivo produzido por estímulos desconhecidos que promove a expansão dos dendritos.

Por isso, se você quiser aprender com eficiência, não se iluda com falsas promessas de que será fácil nem se engane com a sensação de bem-estar gerada pela fluência. Prefira, em vez disso, métodos que tirem o seu cérebro da zona de conforto e impulsionem o progresso contínuo, sendo desafiadores, porém não tão altos a ponto de gerar frustração ou baixos a ponto de gerar tédio.

> **Brain Hack**
>
> Todo projeto de longo prazo começa com uma fase que poderíamos chamar de *treinamento de base*, um período de preparação e adaptação do corpo, da mente e da rotina. É um momento para construir um programa, criar hábitos e acostumar aos poucos o organismo a suportar a carga de dedicação e esforço que será exigida mais à frente. Nessa fase, o foco é montar um sistema sem se preocupar com resultados.

> Esse processo pode demorar alguns meses e é fácil de ser realizado, mas exige paciência, pois é um período em que as atividades são mais leves (de menor intensidade) e o progresso é lento. No início, são períodos curtos de treino, com atividades que exigem menos esforço cognitivo. A cada semana, o volume deve ser aumentado em 10% ou 15%, no máximo. O ideal é assumir compromissos pequenos, que possam ser repetidos até ficarem automatizados.
>
> Apenas depois do período-base é que atividades de alta intensidade devem ser incluídas, sempre respeitando os limites da capacidade cognitiva e usando os métodos do aprimoramento contínuo e dos ganhos marginais.
>
> Essa divisão em etapas pode ser chamada de *periodização*, uma estratégia bem comum na alta performance esportiva e que pode ser adaptada para a alta performance cognitiva.

A primeira lição, portanto, é esta: insira dificuldades desejáveis, bem programadas e bem planejadas em seu projeto de aprendizagem, sobretudo durante os momentos de prática deliberada (treino focado sem distrações).

2

Em 2010, pesquisadores do Massachusetts Institute of Technology (MIT) monitoraram por uma semana todas as atividades de um estudante universitário, medindo suas *atividades eletrodermais* (EDA).[4] Para isso usaram um equipamento colocado no pulso que consegue calcular o nível de ativação do sistema nervoso simpático, a área do cérebro responsável pelo controle do estresse e que, portanto, indica que algum esforço cognitivo está sendo feito.

Depois de monitorar a rotina semanal do estudante de forma ininterrupta, os pesquisadores extraíram alguns dados bem curiosos. Eis uma amostra de quatro dias:

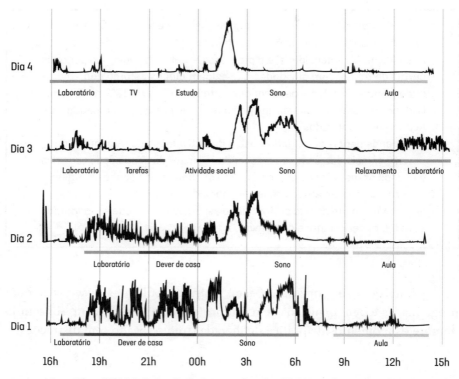

FONTE: Ming-Zher Poh, Nicholas C. Swenson e Rosalind W. Picard, "A Wearable Sensor for Unobtrusive, Long-Term Assessment of Electrodermal Activity" [Um sensor vestível para avaliação discreta e de longo prazo da atividade eletrodérmica]. *IEEE Transactions on Biomedical Engineering*, v. 57, n. 5, pp. 1243-52, 2010.

Como se vê, o nível de atividade cerebral do estudante ao assistir a uma aula é semelhante a quando vê TV. Nesses dois momentos, é como se o cérebro estivesse em estado de completo relaxamento, com baixíssima atividade. A maior ativação ocorre justamente nos períodos de aprendizagem ativa (resolução de questões no laboratório) e durante o sono. Em tese, se ele estivesse dormindo durante a aula, a sua atividade cerebral seria maior do que acordado!

Geralmente, o que se costuma chamar de estudo, pelo menos no modelo tradicional, é pseudoestudo, pois é um processo passivo de recebimento de informações, sem o correspondente processamento ativo. O processo de aprendizagem só se completa quando há condições de utilizar as informações recebidas em um contexto prático. Até lá, o que se tem é apenas um dado alocado na memória de curto prazo. Se a informação não for aplicada, a tendência é que, em pouco tempo, seja excluída do hipocampo e não seja mais possível recuperá-la.

Por isso, se após assistir a uma aula alguém fica satisfeito porque entendeu o conteúdo, sinto informar que essa pessoa está contaminada pelo inimigo número um da aprendizagem: a *ilusão de fluência*. Ela provavelmente terá problemas quando precisar usar a informação em um contexto real.

Essa mesma lógica se aplica também à leitura passiva. Ao ler sobre um tema pela primeira vez, não estamos de fato aprendendo, mas apenas nos familiarizando. Compreender um assunto é o primeiro passo para dominá-lo, mas não é ainda aprendizagem. Esta só ocorre em um momento subsequente, quando o conhecimento recebido passa a fazer parte do rol de habilidades que estamos aptos a aplicar. Assim, o input apenas fornece matéria-prima para a aprendizagem, mas é o output que a transforma em conhecimento dominado.

Como já vimos, o input é uma etapa inicial e envolve atividades como ler, assistir a aulas e vídeos, ouvir audiolivros ou podcasts, consultar resumos ou mapas mentais etc. Já o output envolve atividades como dar uma aula, escrever um texto, resolver questões, elaborar mapas mentais ou resumos, utilizar a informação em um projeto específico etc. É talvez a parte mais importante da aprendizagem, pois sinaliza para o cérebro que aquela informação é útil e merece ser guardada. Assim, a aquisição do conhecimento deve ser, necessariamente, complementada com métodos ativos de processamento da informação, e é justamente esse o grande segredo da superaprendizagem.

Brain Hack

A meu ver, para que um método de aprendizagem seja efetivo, ele precisa cumprir pelo menos sete requisitos, que podemos chamar de "teste da superaprendizagem".

1. *Esforço mental*: se após uma sessão de quarenta a cinquenta minutos de estudo você não estiver mentalmente esgotado ou pelo menos bem cansado, é um sinal de que não aprendeu o necessário. Quem passa mais tempo do que isso estudando não está usando toda a sua potencialidade cognitiva, mas se enganando ou fingindo estudar. (Uma exceção possível é se você estiver em estado de *flow*, ocasião em que pode ganhar alguns minutos extras de alto desempenho.)

▼

2. *Curiosidade ou interesse*: se pergunte se o objeto de estudo envolve um assunto que instiga a sua curiosidade intelectual a ponto de ficar tentado a usar o seu tempo livre para saber mais sobre isso. Se a resposta for afirmativa, você está no rumo certo. Se for negativa, o método terá pouco impacto cognitivo. Quanto maior for o seu nível de interesse e curiosidade, mais eficiente será a aprendizagem.

3. *Conexão e motivação*: qual o seu nível de satisfação durante e depois de terminar a sessão de estudo? Se estiver entediado, o método não está funcionando. Por outro lado, se após uma sessão de trabalho focado você estiver de mau humor, algo está errado, pois concluir uma tarefa costuma gerar o sentimento de satisfação.

4. *Nível de dificuldade adequada*: se você está entendendo tudo sem precisar se esforçar, então não está de fato aprendendo, mas apenas se familiarizando. A prática deliberada requer um componente de dificuldade que exija um esforço acima da sua zona de conforto. Por outro lado, se o tema estudado é tão complicado que você não consegue entender ou se conectar, provavelmente não terá um bom rendimento. Como a aprendizagem é a expansão gradativa dos neurônios, o progresso deve respeitar a dimensão de sua rede neural já formada. Não adianta querer abarcar um conhecimento que está além do seu nível atual. E não se sinta estúpido por isso. Apenas dê um passo para trás e aprenda no ritmo certo.

5. *Evitar a sensação de fluência*: se você terminou uma sessão de prática deliberada com a certeza de que aprendeu de verdade e de que terá um bom desempenho quando precisar usar a informação, isso é um péssimo sinal. Geralmente, os métodos menos eficientes são os que nos deixam mais confiantes, pois criam uma ilusão de que a informação retida na memória de curto prazo será automaticamente consolidada na memória de longo prazo. Lembre-se: o que se aprende fácil se esquece fácil.

6. *Uso prático e associações de ideias*: após a sessão de prática deliberada, você é capaz de usar o conhecimento recebido em um contexto prático ou imaginar exemplos reais de como deve ser aplicado? Você consegue associá-lo com alguma habilidade que já domina? Se sim, ponto para o seu método. Do contrário, é melhor rever suas práticas.

7. *Teste Feynman*: por fim, o mais importante. Uma semana depois de uma sessão de estudo focado, você é capaz de dar uma aula sobre o tema? Se sim, parabéns. Se não, é sinal de que o método utilizado não foi eficiente. Quanto mais você domina o tema, mais clara, completa e simples será a explicação. Se não consegue ser claro, é porque ainda não aprendeu. E não precisa conseguir explicar com clareza 100% do conteúdo. Qualquer coisa entre 60% e 70% já está de bom tamanho.

3

A ciência da alta performance cognitiva ainda não tem uma reposta exata para a melhor estratégia de aprendizagem, nem para quanto tempo devemos reservar ao input e ao output. Porém, alguns insights já foram descobertos.

Por exemplo, sabe-se que as estratégias mais eficientes são aquelas nas quais se dedica a maior parte do tempo a métodos ativos, capazes de exigir esforço para recuperar e processar a informação recebida.[5] É fácil entender o motivo se tivermos em mente o conceito de *dificuldades desejáveis*. Quando temos que realizar um esforço para recuperar a informação, as conexões neurais associadas são fortalecidas e, com isso, a memória se consolida de modo mais duradouro e efetivo. No caso de leituras e aulas expositivas, o conhecimento alocado na memória de curto prazo gera a sensação de que o conteúdo foi apreendido e por isso evitamos realizar novos esforços de aprendizagem. Isso é a ilusão de fluência em ação.

É difícil estabelecer uma proporção ideal entre input e output. Existem alguns temas que precisam de mais tempo de leitura ou de aula para serem assimilados. Outros exigem atividades práticas. A relação também muda de acordo com o campo de conhecimento. De todo modo, o ponto central permanece o mesmo: em qualquer processo de aprendizagem, o tempo dedicado ao output deve ser maior do que ao input.

> **Brain Hack**
>
> Nos meus projetos de aprendizagem, costumo reservar 30% dos meus horários mais ativos para ler textos ou assistir a aulas e palestras de qualidade (input), enquanto o restante do tempo (70%) é reservado para atividades de output, sobretudo produção de conteúdo. Assim, uso grande parte desse tempo elaborando mapas mentais, resolvendo problemas, produzindo textos e gravando aulas. Mas essa divisão não é rígida e depende do propósito da aprendizagem.

O que chamo de processamento ativo da informação é qualquer técnica que force o cérebro a tentar recordar e aplicar o conhecimento recebido. Pode ser recitar, resolver questões, explicar o assunto, elaborar um mapa mental ou um resumo etc. É difícil indicar com precisão quais métodos são mais eficientes, até porque envolvem habilidades distintas. O que se pode dizer é que, quanto mais variadas forem as formas de processamento da informação, mais conexões cerebrais serão criadas.

No entanto, há um método que merece destaque: fazer simulações e testes. Eles são importantes porque funcionam como um instrumento para medir a eficácia do sistema de aprendizagem ao deixar rastros que podem servir de métrica para uma comparação do progresso. Além disso, mostram o que ainda não foi aprendido, fornecendo a oportunidade para que possamos identificar eventuais pontos cegos e evoluir a partir daí.

As simulações também geram aprendizagem na medida em que forçam o cérebro a pensar, agindo como excelentes outputs para aprimorar diversas habilidades importantes, como a interpretação de texto, a identificação de padrões, a associação de ideias, e assim por diante. Em outras palavras, fazer testes ou simulações é uma forma muito eficiente de fortalecer, expandir e criar conexões neurais.

Em qualquer área, essa é a essência da prática deliberada. Quem quiser melhorar o desempenho em um ritmo mais rápido — e com qualidade — precisa levar as simulações muito a sério. Dominando os fundamentos da alta performance cognitiva, é possível desenvolver diferentes modelos de simulação e tornar a prática ainda mais eficiente.

Por exemplo, fazer testes que alternam problemas de naturezas distintas sem uma ordem previamente estabelecida tende a ser mais eficiente do que aqueles que organizam as questões em blocos, pois exige esforço mental para captar qual é o problema e a melhor estratégia de solução. É uma atividade muito mais difícil do que resolver questões padronizadas e predefinidas, nas quais o trabalho é aplicar uma fórmula de modo mecânico. Para fins de aprendizagem, o que é mais difícil costuma ser mais eficiente.

Outro exemplo é o pré-teste, que é realizado antes de conhecer o assunto que será testado. Ele funciona como um instrumento para gerar familiaridade com o tema, além de ter o potencial de direcionar o foco para os problemas mais relevantes daquela matéria. Nesse caso, é melhor seguir a orientação de um professor que domine o assunto e que possa selecionar as questões de modo criterioso. Isso porque elas precisam representar os problemas centrais do assunto a ser aprendido. Questões aleatórias podem direcionar a mente para temas de menor importância, desvirtuando o sentido do pré-teste.

Em alguns contextos, vale incluir algumas dificuldades artificiais para forçar o cérebro a se acostumar com situações adversas. Uma opção é fazer simulações com uma música alta ao fundo, em uma praça de alimentação ou em um ambiente com a temperatura baixa. Vale até mesmo colocar questões de matérias totalmente estranhas só para treinar o cérebro a pensar de modo versátil.

Hipersimulações também têm uma função valiosa para a aprendizagem. A ideia é fazer uma ou duas sessões de dez a vinte minutos de exercícios em modo ultra-acelelerado, tentando resolver as questões com o mínimo de reflexão possível, para forçar o cérebro a desenvolver a capacidade de pensar rápido. Não é preciso se preocupar tanto em acertar, apenas em tentar compreender o problema e intuir uma solução. Se for possível incluir algum método de feedback imediato, com um sistema que se adapta, o processo é ainda mais eficaz, já que estimula a aprendizagem implícita ou sensorial.

Por fim, inclua várias sessões de *simulação real*, tentando reproduzir da maneira mais fidedigna possível o máximo de condições que serão enfrentadas.

4

Se você pedir para alguém dizer em três segundos o nome de uma ferramenta e de uma fruta, provavelmente essa pessoa dirá martelo e maçã. Essa é a resposta de aproximadamente 60% das pessoas, mas isso pode variar em função de inúmeros fatores, como preferências pessoais e o ambiente. De todo modo, esse desafio mostra que a memória funciona por meio de associações de ideias — novas e antigas — que se interconectam na mente. Assim, quando nos pedem para pensar em uma ferramenta ou em uma fruta, são as imagens que melhor representam esses conceitos que tendem a surgir mais rápido em nossa mente.

A partir dessa ideia, D. R. Godden e A. D. Baddeley conduziram um experimento bem interessante para saber se determinados contextos do ambiente podem afetar a memória.[6] Os pesquisadores fizeram dezoito mergulhadores voluntários memorizarem listas de palavras em dois lugares diferentes: em terra firme e embaixo d'água. Em seguida, os testaram em quatro condições: (a) memorização em terra firme → teste debaixo d'água; (b) memorização em terra firme → teste em terra firme; (c) memorização debaixo d'água → teste em terra firme; (d) memorização debaixo d'água → teste debaixo d'água.

Em todos os cenários, o contexto ambiental teve um forte impacto no desempenho dos participantes. Os mergulhadores conseguiram se recordar de mais palavras quando o teste era realizado no mesmo ambiente onde as palavras haviam sido memorizadas. Por outro lado, quando havia uma mudança no local, o desempenho tinha uma queda de cerca de 40%.

Seguindo essa lógica, podemos concluir que a aprendizagem será mais efetiva quando for possível simular um contexto que se aproxime o máximo possível do contexto real. Ou seja, se formos capazes de reproduzir as mesmas condições do teste, o cérebro tenderá a recuperar informações com mais facilidade.

A recomendação-padrão dos manuais tradicionais de estudo é que o melhor é estudar em um lugar aconchegante, organizado e silencioso, onde você se sente bem e com o qual já está acostumado. No entanto, isso pode ser um erro. Há uma premissa inversa que também merece ser levada em conta: quando a aprendizagem se torna muito dependente de determinado contexto, é muito mais difícil usar o conhecimento em situações adversas. Por isso, quanto mais variamos o ambiente, mais a aprendizagem se torna independente, o que aumenta as chances de recuperar a informação. Além disso, a variação do contexto obriga o cérebro a se adaptar a novos elementos, o que pode acelerar a formação de conexões neurais.

Quem estuda sempre no mesmo lugar tende a criar vínculos inconscientes com alguns sinais do ambiente, que, uma vez retirados, podem dificultar a recuperação da informação.[7] Um móvel, a cor da parede ou um vaso de flores, qualquer objeto pode funcionar mesmo sem querer como um amparo mental para a associação de ideias. Assim, o cérebro pode desenvolver um mecanismo de recordação que só será acionado na presença daquele objeto, bloqueando a informação em outros contextos.

No capítulo 6, ao falar sobre formação de hábitos, mencionou-se a importância de ritualizar comportamentos. Se o estudo for feito sempre no mesmo horário, no mesmo lugar e nas mesmas condições, a tendência é que o hábito se consolide mais rápido. Por isso, o *cantinho de estudo* não é algo a ser eliminado a todo custo. O importante é variar de vez em quando para saber aplicar o conhecimento em ambientes distintos, sobretudo quando o hábito já estiver consolidado. Ao variar o contexto da aprendizagem, o cérebro conseguirá se preparar melhor para enfrentar uma adversidade e não ficará dependente do ambiente.

Brain Hack

Em tese, é possível usar *amuletos de memorização* visando a performance em uma prova. A ideia é utilizar alguns objetos que funcionem como *primings* ou gatilhos mentais e, ao mesmo tempo, possam ser usados durante o exame. Pode ser um estojo, um apontador, um lápis, uma caneta, uma borracha ou uma garrafinha d'água. O importante é que sejam itens que você possa levar para a prova e, durante o estudo, estejam sempre em seu campo de visão. Se você sempre estuda com os mesmos objetos à sua frente, é possível que a capacidade de recuperação da informação aumente quando eles forem apresentados em outros contextos. Há um pouco de superstição nessa técnica. Mas, se tem uma coisa que aprendi, é que não devemos subestimar o poder do sugestionamento mental ou do efeito placebo.

5

Quando Patrick Wolff foi convidado para participar de um experimento científico, não imaginou que seria tão fácil. Tudo o que tinha que fazer era lembrar em cinco segundos a posição correta de vinte peças de xadrez em um tabuleiro. Era um desafio banal para um Grande Mestre que já havia sido duas vezes campeão nacional de xadrez. Em poucos segundos, Wolff conseguiu reorganizar o tabuleiro com uma margem de acerto de 93%. O seu adversário não repetiu o feito. Era um jogador iniciante que conhecia as regras do jogo, mas com pouca experiência prática. Ele se esforçou ao máximo para memorizar a maior quantidade possível, mas só acertou 25%.[8]

Convenhamos que não foi uma rodada justa. As peças foram organizadas de modo a reproduzir uma jogada extraída de uma partida real de nível avançado. Embora fosse a primeira vez que Wolff a via, a ordem das peças fazia sentido para a mente de quem tinha jogado xadrez profissionalmente por mais de uma década. Por isso, na segunda rodada, foi feita uma pequena mudança no formato. Em vez de colocar as peças em uma posição que simulasse um contexto real de jogo, os pesquisadores as posicionaram de modo aleatório, sem seguir nenhuma lógica. A ideia era saber se, nessa nova condição, o Grande Mestre continuaria se saindo melhor.

O resultado foi surpreendente. Dessa vez, praticamente não houve diferença entre o desempenho dos participantes. Os dois acertaram aproximadamente 25%. Ao que parece, os talentos enxadrísticos do Grande Mestre não tiveram muita utilidade quando as peças estavam bagunçadas.

Herbert Simon e William Chase, da Universidade Carnegie Mellon, conceberam esse experimento para entender como funciona a mente de um jogador de xadrez e, como consequência, a mente humana.[9] Na primeira rodada, ficou claro que o raciocínio dos jogadores de alto nível é organizado de forma diferente do de jogadores iniciantes. Enquanto os segundos enxergam as peças do xadrez de modo individualizado, os profissionais veem padrões. Cada peça é inserida em um contexto mais amplo, modelado na mente do Grande Mestre pelos anos de prática.

Os novatos memorizam a posição das peças usando basicamente a memória de curto prazo, enquanto os mestres utilizam *templates*, ou padrões, que já existem na memória de longo prazo para inserir as peças em blocos que façam sentido. Para os pesquisadores, um jogador profissional de xadrez pode ter armazenado no seu cérebro um repertório de 10 mil a 100 mil *templates* mentais para enfrentar situações reais de jogo.

É por isso que, na segunda fase do experimento, quando as peças foram bagunçadas, o jogador profissional não conseguiu ter um bom desempenho. Ele não tinha mais como usar um padrão como base, obrigando-o a usar a memória de curto prazo como base, o que resultou na redução da sua capacidade de memorizar as peças no tabuleiro.

Esse experimento tem muito impacto para a ciência da expertise, pois demonstra que a aprendizagem envolve algo que vai além da criação de novos neurônios. Quando aprendemos em um nível mais profundo, são criadas ramificações neurais que se interconectam em uma rede de conhecimento cada vez maior e mais complexa. É essa rede em expansão que nos torna especialistas na capacidade de identificar padrões e solucionar problemas que estão em nossa zona de expertise de forma rápida.

De certo modo, essa também é a lógica por trás do "palácio da memória", a principal técnica utilizada pelos campeões mundiais de memória, que são capazes de feitos incríveis, como decorar mais de 70 mil dígitos do número pi (π) ou mais de 2 mil cartas de baralho em menos de uma hora.[10] É uma técnica relativamente simples de entender, mas difícil de dominar, pois exige um treino muito intenso. Além disso, é muito útil para a memorização de fatos isolados, apesar de ter uma utilidade limitada quando se trata de informação que já está inserida em um domínio de conhecimento mais amplo.

Vou apresentar aqui apenas os seus princípios básicos, já adiantando que essa técnica não é essencial para a superaprendizagem. Quem tiver interesse em se aprofundar nessa técnica, há diversos tutoriais disponíveis no YouTube.

Para entender a lógica do palácio da memória, imagine que você tenha que decorar cinco palavras numa determinada ordem: (1) "gato"; (2) "elefante"; (3) "dinheiro"; (4) "cachorro"; (5) "microfone". Pelo método tradicional, você tentará fazer isso com cada palavra, repetindo-as várias vezes na sua mente até a informação se consolidar. Assim, a sua capacidade de memorização será bem limitada, pois depende exclusivamente da memória de curto prazo, que em geral só guarda de sete a nove blocos de informação por vez.

Com a técnica do palácio da memória, a ideia é construir uma história a partir de algum ambiente que já tenha sido fixado na memória de longo prazo, como os cômodos da própria casa. Assim, você pode imaginar entrar na sala de estar e ver um *gato* dançando em cima da mesa. Depois, ir até a cozinha e encontrar um *elefante* bebendo água. Ao chegar ao corredor, pode ver várias cédulas de *dinheiro* voando. Quando abrir a porta do quarto, pode ter ali um enorme *cachorro* deitado na cama assistindo TV. Por fim, no banheiro, encontrar um *microfone* gigante embaixo do chuveiro.

Esse é um exemplo bem básico, pois a lista a ser memorizada possui poucas palavras e todas têm algum tipo de apelo visual. Os campeões de memória adotam modelos muito mais sofisticados para vincular números, rostos, cartas de baralho e outras informações mais abstratas em seus *templates* mentais ultracomplexos.

De todo modo, a base para entender a técnica está toda aí. Ela faz uso de algumas premissas bem razoáveis: é mais fácil memorizar informações visuais, que tenham apelo emocional, estejam inseridas em contextos espaciais familiares e envolvam ações ou cenas inusitadas, seguindo um formato de história.

Apesar de sua eficiência para memorizar fatos aleatórios, o palácio da memória tem limites, em especial quando se trata de informações inseridas em um domínio mais específico. De certo modo, adotar essa técnica para áreas que já possuem seus próprios modelos mentais pode até prejudicar a aprendizagem. Imagine que você queira memorizar a ordem correta de cem versos extraídos de um poema e, para isso, resolve utilizar o palácio da memória. À medida que os versos vão sendo mostrados, você tenta inseri-los em cômodos, construindo uma narrativa mental que faça sentido na sua imaginação. Depois, você é desafiado a descrevê-los um a um, o que é capaz de fazer com perfeição.

Em princípio, o experimento foi um sucesso. Porém, se for solicitado que você fale sobre o contexto de cada um, a narrativa será aquela do *template* mental, e não a do poema propriamente dito. Por exemplo, você pode ter imaginado para a frase "as armas e os Barões assinalados", de *Os lusíadas*, um monte de barões armados dançando em cima do fogão da cozinha, o que está bem longe de representar o queria dizer Camões. No fundo, você não captou a essência do poema, apenas memorizou frases soltas que não fazem sentido fora de seu contexto original.

Por isso, o mais importante é entender a lógica por trás do palácio da memória em vez de tentar utilizá-lo em contextos de aprendizagem mais específicos. Qualquer área de conhecimento bem consolidada possui uma rede de representações mentais que funcionam como *templates* para a solução de problemas. Se você pretende dominar o xadrez, são as representações mentais do jogo que devem estar embutidas em seu cérebro, enquanto se a área desejada for direito constitucional, é preciso dominar os fundamentos da disciplina para formar seus *templates*.

O caminho natural para isso é por meio de uma aprendizagem do tipo top--down, em que os princípios mais gerais levam aos detalhes. Nesse modelo, o estudo começa com materiais leves para acender a curiosidade intelectual, seguido de uma fase de nivelamento. Somente depois vem a fase de aprofundamento, a fim de entender a estrutura do conhecimento a ser dominado. Apenas depois o aprendiz irá se preocupar em dominar os detalhes e resolver problemas específicos da disciplina.

Isso porque, quando dominamos os fundamentos, somos mais capazes de reter detalhes. Além disso, nos tornamos aptos a desenvolver soluções por inferência, dedução, associação de ideias, polinização cruzada e/ou raciocínio lógico. Com o tempo, aumentamos a *competência inconsciente*, nos tornando mais hábeis para encontrar a resposta correta sem saber como. Os exercícios simulados e acelerados com feedback imediato costumam catalisar esse processo. Finalmente, consumir lazer intelectual relacionado ao assunto estudado, recebendo a mesma informação por várias fontes e abrangendo perspectivas diferentes, faz com que a rede de conhecimento sobre aquele tema se consolide cada vez mais e se expanda de forma orgânica.

6

Agora que chegamos ao final do livro, a dúvida que surge é esta: por quanto tempo as informações que você recebeu até aqui ficarão armazenadas no seu cérebro? Será que todo o conhecimento recebido começará a se apagar aos poucos de sua memória até você esquecer completamente tudo o que leu?

Essa pergunta envolve um problema sobre o funcionamento da memória que intriga os cientistas da aprendizagem há séculos. Um dos primeiros a tentar solucionar essa questão usando métodos empíricos foi o psicólogo alemão Hermann Ebbinghaus, no início do século XX.[11] Ele criou mais de 2 mil unidades de memória formadas por palavras sem sentido, que seguiam o mesmo padrão: uma consoante, uma vogal e uma consoante, de modo a gerar um som sem significado no mundo real — como RUR, MEK, BES, SOK, DUS, e assim por diante. Ele queria saber por quanto tempo esses sons ficariam armazenados na memória. Como não tinham nenhum significado no mundo real, seria mais fácil descobrir a *curva de esquecimento*, sem contaminações provocadas por conhecimento já consolidado.

No seu experimento, o próprio Ebbinghaus foi a cobaia. Para isso, ele tentava memorizar uma lista de palavras, media o nível de retenção e se testava periodicamente para verificar em quanto tempo todas as palavras seriam esquecidas. E como ele fazia isso com muitas listas diferentes e usando vários métodos de memorização rigorosamente medidos e identificados, chegou a alguns resultados que depois ficaram conhecidos como *curva do esquecimento de Ebbinghaus*.

Em síntese, depois de apenas vinte minutos, Ebbinghaus só lembrava 58% dos sons memorizados. Em uma hora, 66% das unidades de memória já haviam sido esquecidas. No dia seguinte, só restavam 33%, e após seis dias, 25%. Desde então, vários aprimoramentos foram feitos, mas sempre com resultados parecidos, indicando que as informações são apagadas da memória em um ritmo acelerado.

Parece algo desolador, pois demonstra que a capacidade de memorização humana é muito limitada. Apesar disso, o verdadeiro sentido do estudo traz uma lição de grande importância para a aprendizagem: o cérebro está programado para deletar automaticamente arquivos inúteis. E é bom que seja assim. Em muitas situações, o esquecimento ajuda a aprendizagem, pois é assim que o cérebro garante a máxima consolidação daquilo que é de fato importante.

Como já vimos, para que uma informação seja transferida da memória de curto prazo para a de longo prazo, é necessário que o cérebro interprete essa informação como algo que merece ser consolidado. Há várias formas de fazer isso. Ao usar a informação em um contexto prático, estamos indicando que aquela informação será útil. A repetição também pode fortificar as conexões neurais associadas àquela informação e, consequentemente, elevar as chances de consolidá-la na memória de longo prazo. Outra possibilidade é associar a informação nova a uma antiga que já esteja consolidada; nesse caso, a nova informação será incorporada a uma estrutura mental já existente. Também é possível fazer uso da conexão emocional, que aumenta de forma significativa as chances de o cérebro interpretar aquilo como algo relevante, pois as emoções são fortes influenciadores mentais. Por fim, é possível transferir as informações que estão na memória de curto prazo para a de longo prazo através do sono e dos sonhos, como visto no capítulo 5. Quando a informação é recebida sem essas condições, a tendência é que ela seja rapidamente descartada pelo cérebro.

Ao contrário do que possa parecer, isso não é necessariamente algo negativo, já que a acumulação de informação inútil tende a prejudicar a capacidade cognitiva. Por isso, o fato de você esquecer o conteúdo de uma aula a que acabou de assistir ou de um texto que leu na semana passada nada mais é do que uma estratégia que o seu cérebro adota para poder funcionar em sua máxima capacidade. Se a informação foi recebida sem conexão, fora de um contexto prático e desvinculada de uma estrutura mental mais ampla, a tendência é que ela seja tratada pelo cérebro como algo que não precisa ser lembrado.

É justamente isso que o estudo de Ebbinghaus demonstra. Ele indica que informações aleatórias, recebidas de forma passiva, sem engajamento, método e propósito irão ser facilmente esquecidas. Já temos plenas condições de perceber que não é assim que a aprendizagem acontece. No entanto, há muitas variáveis em jogo antes de tentar definir uma *curva de esquecimento* que se aplique a todas as situações e pessoas.

Quando, no capítulo 2, analisamos o efeito "fazenda de ratos" que o estudo realizado na véspera da prova provocou, vimos que o nível de retenção da informação dependia do modo como o tempo de aprendizagem havia sido distribuído. Se você precisa de sessenta minutos para estudar determinado conteúdo, o seu nível de retenção será maior se dividir o tempo de estudo em três blocos de vinte minutos distribuídos por uma semana do que se concentrar os sessenta minutos na véspera da prova. Na verdade, você pode até alcançar uma nota maior se estudar no dia anterior. Porém, se o teste passar para a semana seguinte, o nível de esquecimento no caso do estudo concentrado será bem maior do que o do estudo espaçado. Distribuir a aprendizagem em blocos de trinta a cinquenta minutos com intervalos intercalados é uma boa estratégia de consolidação da memória.

Assim, é possível dizer que o seu nível de esquecimento em relação ao conteúdo deste livro irá variar conforme o método de distribuição do tempo de leitura. Vamos supor que sejam necessárias oito horas para ler todo o conteúdo. Se você o fizer de modo consistente uma hora por dia ao longo de uma semana, o seu nível de aprendizagem será bem maior do que se concluir a leitura em apenas dois dias, pois o cérebro precisa de um tempo para processar as informações. Por isso, a leitura espaçada, porém regular, é mais eficiente.

Outro ponto se refere ao modo como a informação é processada. A leitura passiva, sem métodos ativos de processamento da informação, resulta num esquecimento muito mais rápido. Além disso, o propósito da aprendizagem também conta muito. Se o seu interesse está em produzir algum conteúdo a partir do que for lido, há uma grande probabilidade de o conhecimento se consolidar em sua mente de modo muito mais permanente.

Por fim, vimos que o sono tem o poder de consolidar a memória. Se você deixar que a sua *fábrica noturna de pensamentos* faça o seu trabalho de forma adequada, é possível até mesmo inverter a curva de esquecimento. Quando tiramos uma soneca após receber algumas informações, o nosso desempenho ao acordar costuma ser melhor do que antes de dormir. Mais ainda: se formos capazes de sonhar com aquelas informações, o desempenho irá melhorar ainda mais.

De qualquer modo, há uma lição valiosa que o estudo de Ebbinghaus oferece: quanto menor a conexão, mais rápido será o esquecimento. Memorizar vinte palavras totalmente sem sentido é bem diferente de aprender um conteúdo novo que é objeto da nossa curiosidade intelectual e que vai se encaixar numa rede de conhecimento que se expande de forma orgânica.

A leitura de um livro como este faz parte de um processo de aprendizagem muito bem pensado para que você domine o conhecimento recebido. As informações são apresentadas de modo interligado, seguindo uma estrutura lógica projetada especificamente para gerar uma aprendizagem orgânica. Os tópicos se interconectam e se apoiam. Há exemplos para facilitar a visualização e a aplicação da ideia apresentada, os fundamentos se entrelaçam e as ideias resultam de informações já apresentadas. É, portanto, uma rede de conhecimento que se fortalece à medida que a leitura progride.

Por isso, para responder em quanto tempo você irá manter as informações deste livro na memória, é preciso verificar *por que, como, quando* e *para que* essa leitura foi feita. Se você tiver lido as informações de modo relaxado, desconectado e sem propósito, provavelmente esquecerá a maior parte em algumas semanas. Porém, se tiver se conectado emocionalmente com o livro, imaginando maneiras de inserir as ideias apresentadas na sua vida e associando o que foi dito ao seu acervo de conhecimento já consolidado, tenho o prazer de informar que essa conexão será permanente e não terá curva de esquecimento capaz de quebrá-la.

Conclusão

Reconfigure-se

Cada um de nós compõe a sua história.
Cada ser em si carrega o dom de ser capaz e ser feliz.
Almir Sater

Em julho de 2012, retornei do meu curso de doutorado em Coimbra. Foi um período intelectualmente intenso, em que vivi em função da pesquisa acadêmica e que, por outro lado, descuidei completamente de minha saúde física. Cheguei a pesar 105 quilos e estava com todas as taxas de saúde alteradas. Fui diagnosticado com síndrome metabólica e obesidade mórbida. Os médicos diziam que a minha idade biológica era de 75 anos, o que representava quase o dobro da minha idade real. Eles alertaram que a chance de eu ter um infarto nos próximos cinco anos era bastante real. Cheguei a ter um "piripaque" após subir sete andares de escada e, depois disso, resolvi mudar radicalmente o meu estilo de vida.

Nessa fase inicial de transformação, um dos meus primeiros nutricionistas disse algo que me marcou muito: "George, você é tão focado no seu aspecto intelectual, tão engajado em querer evoluir e tão interessado em aprender coisas novas, por que não transfere um pouco dessa motivação para melhorar sua qualidade de vida e a sua saúde? Por que não cuida do seu corpo como cuida da sua mente?".

Essas palavras tiveram um efeito curioso, porque percebi que eu poderia utilizar as ferramentas da superaprendizagem para melhorar meu bem-estar. Afinal, existe uma enorme base de conhecimento científico que envolve nutrição, formação de hábitos e autocontrole que eu poderia dominar. Utilizando esse conhecimento a meu favor, eu poderia retomar as rédeas da minha saúde física.

A partir daí, iniciei meu projeto de aprendizagem com o objetivo de me recuperar em várias dimensões (alimentação, exercícios, sono, equilíbrio mental, hábitos etc.). Uma das minhas primeiras leituras foi o livro *O poder do hábito*, de Charles Duhigg, que apresenta excelentes insights práticos para compreender o essencial do processo de formação de hábitos. Depois, percebi com mais clareza que toda mudança segue uma lógica de três etapas, conforme descrito no capítulo 6. Na primeira, qualquer alteração na rotina é difícil, pois o corpo está acostumado a responder de maneira automática a determinados gatilhos, e lutar contra isso gera muito esforço cognitivo. Numa segunda etapa, você começa a se acostumar com aquela rotina e passa a praticá-la sem muito esforço, até mesmo sem pensar. Finalmente, você fica dependente dessa mudança e passa a desejá-la, sob pena de sofrer uma espécie de crise de abstinência.

A ideia parecia simples e resolvi testar. Comecei a mudança pelos hábitos alimentares, por exemplo, incluindo salada nas minhas refeições. Para mim, sempre foi uma luta colocar qualquer coisa verde no prato, e levei quase dois meses para conseguir me acostumar a comer folhas. Foi bem difícil, mas eu sabia que, se a hipótese científica estivesse correta, os meus neurônios estariam pavimentando um novo hábito na minha mente. E funcionou! Hoje, sou dependente de saladas. Algumas vezes, saio de casa só para saborear um apetitoso prato cheio de alfaces, tomates e legumes.

A mesma coisa ocorreu com o exercício físico. Comecei a caminhar ou dar alguns trotes por volta de 2014. No início, as distâncias eram bastante pequenas, apenas o suficiente para sair da inércia. Mas procurei seguir uma rotina consistente e regular. Após alguns meses de sacrifício, comecei a pegar gosto pela coisa e não parei mais. Corri três, cinco, dez, quinze, 21 quilômetros, até que 2015 concluí minha primeira maratona. Hoje, estou inserido em um sistema de exercícios que me proporciona correr uma ou duas maratonas por ano, sem sacrificar demais outros aspectos da minha vida. Em paralelo, iniciei uma rotina de treinos de natação e ciclismo para me preparar para completar a prova de triatlo do IronMan, algo inimaginável há oito anos.

E o mais interessante é que a rotina de exercícios físicos passou a fazer parte da minha própria rotina intelectual. Grande parte deste livro foi imaginada durante as minhas corridas matinais. Descobri que exercícios mais leves, ao ar livre, são os melhores combustíveis para o pensamento difuso. Com frequência, durante a corrida, minha mente entrava em um fluxo frenético de novas ideias, que eram estruturadas de várias formas diferentes nos mundos imaginários que se desenhavam em minha mente, até chegar a uma forma que me parecia adequada. Tão logo eu terminava o treino, ativava o Evernote do celular e gravava aquelas ideias para serem depois desenvolvidas no meu computador.

Hoje, posso dizer que minha vida intelectual está plenamente conectada e sintonizada com a esportiva. O ditado *mens sana in corpore sano* nunca fez tanto sentido para mim. Essas mudanças foram muito lentas e nem sempre tão planejadas quanto parecem. A ideia era repetir o comportamento desejável até o hábito se consolidar, e só depois me preocupar em aprimorá-lo aos poucos. Na maioria das vezes, isso dá certo. Basta ter um pouco de paciência para que a homeostase e a plasticidade possam fazer o seu trabalho.

Essa metodologia também pode ser aplicada aos hábitos de aprendizagem. Quando incorporamos uma mentalidade de aprimoramento contínuo e assumimos isso como estilo de vida, os resultados surgem naturalmente em todas as áreas. A tendência é que, aos poucos, consigamos construir uma rede interligada de hábitos saudáveis que se sustentam uns aos outros.

Como você está lendo este livro, é provável que não seja uma pessoa intelectualmente sedentária. Mas, se for, a fórmula para sair desse estado é aprender a dominar os seus hábitos para incorporar algumas rotinas transformadoras. Procure preencher as horas com atividades que tenham valor intelectual, tentando eliminar hábitos que não contribuem para esse processo. Dê um passo de cada vez. Leia algumas páginas por dia, escreva algumas frases sem compromisso, assista a pelo menos uma palestra TED Talk por semana (de um tema que lhe interesse), comece a consumir documentários e revistas de qualidade, siga conteúdos que tenham valor cognitivo, cerque-se de *nudges* e de *primings* de aprendizagem, tentando controlar os gatilhos que podem afetar as suas ações.

E seja consistente em relação a esses compromissos, pois é a repetição que automatiza o comportamento. Você vai perceber que os primeiros dias de consolidação de um hábito novo são sempre os mais difíceis. Depois de um tempo, você se acostuma até chegar o momento em que ele passa a fazer parte de seu próprio modo de ser.

À medida que os hábitos forem se consolidando, tente sair de vez em quando da zona de conforto para expandir seus limites. Procure aumentar de forma gradual — e sem tanta ansiedade — as suas capacidades. Use a plasticidade e a homeostase com inteligência. Preocupe-se também com os ganhos marginais que pode obter. Analise as pequenas mudanças que podem ser feitas em seu ambiente para progredir um pouquinho de cada vez. Não tenha pressa.

Trate cada dia como uma experiência nova. Valorize dos momentos mais singelos aos mais plenos. Lembre-se de que cada instante da vida é também um pedaço da sua existência que não volta mais.

Se puder, tenha sempre alguns mantras de motivação. Pode ser uma frase de efeito, um exemplo de superação ou uma música. Mantenha-os sempre perto de você e, se possível, deixe-os visíveis. Muitas vezes, uma frase motivacional é o que basta para nos empurrar para a ação — e agir é o primeiro passo de qualquer jornada.

Não se cobre muito nem se compare com os outros. As pessoas podem ser excepcionais em algumas coisas e medíocres em outras. Se você olhar só para aquilo em que o outro é excepcional, verá uma imagem distorcida. O melhor é se comparar com o seu eu do passado e ver o quanto avançou. Se estiver melhor do que o seu eu do passado, é um sinal de que está no rumo certo.

E o mais importante: divirta-se com o processo. É possível alcançar a excelência sem pressão, ansiedade e sofrimento. Se o seu sistema não estiver trazendo felicidade, é um sinal de que não está funcionando.

Notas

INTRODUÇÃO: APERTE O BOTÃO DE "INICIAR" [pp. 9-16]

1. O *flow* é um estado de alta concentração mental que costuma aparecer quando estamos muito engajados em uma atividade que nos dá satisfação.

2. Andrew Hunt e David Thomas, *O programador pragmático: De aprendiz a mestre*. Porto Alegre: Bookman, 2009.

0. CONFIGURE SUA LEITURA [pp. 17-36]

1. K. Rayner, E. R. Schotter, M. E. Masson, M. C. Potter e R. Treiman, "So Much to Read, So Little Time: How Do We Read, and Can Speed Reading Help?". *Psychological Science in the Public Interest*, v. 17, n. 1, pp. 4-34, 2016.

1. CONFIGURE SUA MENTE [pp. 37-50]

1. E. A. Maguire, D. G. Gadian, I. S. Johnsrude, C. D. Good, J. Ashburner, R. S. Frackowiak e C. D. Frith, "Navigation-Related Structural Change in the Hippocampi of Taxi Drivers". *Proceedings of the National Academy of Sciences*, v. 97, n. 8, pp. 4398-403, 2000.

2. Krista L. Hyde et al., "Musical Training Shapes Structural Brain Development". *Journal of Neuroscience*, v. 29, n. 10, pp. 3019-25, 2009.

3. Lutz Jäncke, "Music Drives Brain Plasticity". *F1000 Biology Reports*, v. 1, 2009.

4. Ayako Sakakibara, "A Longitudinal Study of the Process of Acquiring Absolute Pitch: A Practical Report of Training with the 'Chord Identification Method'". *Psychology of Music*, v. 42, n. 1, pp. 86-111, 2014.

5. Anders Ericsson e Robert Pool, *Peak: Secrets from The New Science of Expertise*. Boston: Houghton Mifflin Harcourt, 2016.

6. Malcolm Gladwell, *Outliers: The Story of Success*. Oak Brook: Audio-Tech Business Book Summaries, 2017.

2. CONFIGURE SUA MOTIVAÇÃO [pp. 51-67]

1. Kou Murayama et al., "Neural Basis of the Undermining Effect of Monetary Reward on Intrinsic Motivation". *Proceedings of the National Academy of Sciences*, v. 107, n. 49, pp. 20 911-6, 2010.

2. Carl Mellström e Magnus Johannesson, "Crowding Out in Blood Donation: Was Titmuss Right?". *Journal of the European Economic Association*, v. 6, n. 4, pp. 845-63, 2008.

3. Matheus Alves Duarte da Silva, *"O baile dos ratos": A construção sociotécnica da peste bubônica no Rio de Janeiro (1897-1906)*. Dissertação (Mestrado em História Social) — Faculdade de Filosofia, Letras e Ciências Humanas, Universidade de São Paulo, São Paulo, 2015.

4. Nate Kornell e Robert A Bjork, "Learning Concepts and Categories: Is Spacing the 'Enemy of Induction'?". *Psychological Science*, v. 19, n. 6, pp. 585-92, 2008.

5. Alfie Kohn, *Punidos pelas recompensas*. São Paulo: Atlas, 1998.

6. Id., "Close the Book on 'Book it!'", 2007. Disponível em: <https://web.archive.org/web/20210731025752/https://www.alfiekohn.org/blogs/close-book-book//>. Acesso em: 11 jul. 2022.

7. Mauricio R. Delgado et al., "Tracking the Hemodynamic Responses to Reward and Punishment in the Striatum". *Journal of Neurophysiology*, v. 84, n. 6, pp. 3072-7, 2000.

3. CONFIGURE SUAS ESCOLHAS [pp. 68-84]

1. Daniel Kahneman, *Rápido e devagar: Duas formas de pensar*. Rio de Janeiro: Objetiva, 2011.

2. Os dados sobre doação de órgãos na Dinamarca e na Áustria foram extraídos de várias fontes, em especial: Francisca Nordfalk et al., "From Motivation to Acceptability: A Survey of Public Attitudes Towards Organ Donation in Denmark". *Transplantation Research*, v. 5, n. 1, p. 5, 2016; "Europeans and Organ Donation", *Special Eurobarometer*, Directorate-General for Communication, v. 272, 2014.

3. Richard Thaler e Cass R. Sunstein, *Nudge: O empurrão para a escolha certa*. São Paulo: Campus, 2009.

4. Andrew S. Hanks et al., "Healthy Convenience: Nudging Students Toward Healthier Choices in the Lunchroom". *Journal of Public Health*, v. 34, n. 3, pp. 370-6, 2012.

5. Cal Newport, *Digital Minimalism: Choosing a Focused Life in a Noisy World*. Londres: Penguin, 2019.

6. Adam di Kramer, Jamie E. Guillory e Jeffrey T. Hancock, "Experimental Evidence of Massive-Scale Emotional Contagion Through Social Networks". *Proceedings of the National Academy of Sciences*, v. 111, n. 24, pp. 8788-90, 2014.

7. Adam L. Alter e Daniel M. Oppenheimer, "Predicting Short-Term Stock Fluctuations by Using Processing Fluency". *Proceedings of the National Academy of Sciences*, v. 103, n. 24, pp. 9369-72, 2006.

8. Carlos Silva Pereira et al., "Music and Emotions in the Brain: Familiarity Matters. *Plos One*, v. 6, n. 11, 2011.

4. CONFIGURE SEU TEMPO [pp. 85-101]

1. Kristin N. Ray et al., "Opportunity Costs of Ambulatory Medical Care in the United States". *The American Journal of Managed Care*, v. 21, n. 8, pp. 567-74, 2015.

2. Michael Breus, *O poder do quando: Descubra o ritmo do seu corpo e o momento certo para almoçar, pedir um aumento, tomar remédio e muito mais*. São Paulo: Fontanar, 2017.

3. Vincent Van Der Vinne et al., "Timing of Examinations Affects School Performance Differently in Early and Late Chronotypes". *Journal of Biological Rhythms*, v. 30, n. 1, pp. 53-60, 2015.

4. Matthew Walker, *Por nós dormimos: A nova ciência do sono e do sonho*. São Paulo: Intrínseca, 2017, p. 109.

5. CONFIGURE SEU DESCANSO [pp. 102-29]

1. Barbara A. Oakley, *A Mind for Numbers: How to Excel at Math and Science (Even If You Flunked Algebra)*. Nova York: TarcherPerigee, 2014.

2. Salvador Dalí e Haakon Chevalier, *50 Secrets of Magic Craftsmanship*. North Chelmsford: Courier 1992.

3. Mason Currey, *Daily Rituals: How Artists Work*. Nova York: Knopf, 2013.

4. Shai Danziger, Jonathan Levav e Liora Avnaim-Pesso, "Extraneous Factors in Judicial Decisions". *Proceedings of the National Academy of Sciences*, v. 108, n. 17, pp. 6889-92, 2011.

5. Julia Gifford, "Secret of the 10% Most Productive People? Breaking!". Desktime, 2018. Disponível em: <https://desktime.com/blog/17-52-ratio-most-productive-people/>. Acesso em: 25 ago. 2019.

6. Alex Soojung-Kim Pang, *Rest: Why You Get More Done When You Work Less*. Nova York: Basic Books, 2016

7. Daniel H. Pink, *Quando: Os segredos científicos do timing perfeito*. Rio de Janeiro: Objetiva, 2018.

8. Sobre a segunda-feira sonolenta, ver Jason Varughese e Richard P. Allen, "Fatal Accidents Following Changes in Daylight Savings Time: The American Experience". *Sleep Medicine*, v. 2, n. 1, pp. 31-6, 2001; David T. Wagner et al., "Lost Sleep and Cyberloafing: Evidence from the Laboratory and a Daylight Saving Time Quasi-experiment". *Journal of Applied Psychology*, v. 97, n. 5, p. 1068, 2012; Empyema Necessitatis, "Shifts to and from Daylight Saving Time and Incidence of Myocardial Infarction". *The New England Journal of Medicine*, v. 2008, n. 359, pp. 1966-8, 2008.

9. Kyoungmin Cho, Christopher M. Barnes e Cristiano L. Guanara, "Sleepy Punishers Are Harsh Punishers: Daylight Saving Time and Legal Sentences". *Psychological Science*, 2016. Há também um estudo de Holger Spamann que contradiz essa hipótese, afirmando que não existe a segunda-feira sonolenta. Contudo, os dados analisados eram diferentes, pois levavam em conta as decisões de 2004 a 2016. Ver Holger Spamann, "Are Sleepy Punishers Really Harsh Punishers?: Comment". *Psychological Science*, v. 29, n. 6, pp. 1006-9, 2018.

10. Os estudos que relacionam sono e inteligência foram extraídos de Matthew Walker, *Por que nós dormimos: A nova ciência do sono e do sonho* (Rio de Janeiro, Intrínseca, 2018).

11. A comparação entre média de sono e IDH pode ser vista em Sean Fleming, "Which Countries Get the Most Sleep — and How Much do We Really Need?". *World Economic Forum*, 2019. Disponível em: <https://www.weforum.org/agenda/2019/04/which-countries-get-the-mostsleep-and-how-much-do-we-really-need/>. Acesso em: 28 ago. 2019.

12. Matthew Walker, op. cit.

13. O estudo de John O'Keefe pode ser visto na esclarecedora palestra de Matt Wilson, "Reading the Minds of Rats". TED Talk, 2016. Disponível em: <https://www.youtube.com/watch?v=Vf_m65ML-dLI>. Acesso em: 28 set. 2019. O vídeo mostra o rato no labirinto e a respectiva "leitura" de seu cérebro.

14. Ibid.

15. Avi Karni et al., "Dependence on REM Sleep of Overnight Improvement of a Perceptual Skill". *Science*, v. 265, n. 5172, pp. 679-82, 1994.

16. O estudo foi descrito no livro *Por que dormimos: A nova ciência do sono e do sonho*. Há também uma apresentação de todos esses estudos no artigo de Robert Stickgold e Jeffrey M. Ellenbogen, "Quiet! Sleeping Brain at Work". *Scientific American Mind*, v. 19, n. 4, pp. 22-9, 2008.

17. O artigo que descreve o experimento realizado por Ullrich Wagner: é Rolf Verleger, Michael Rose, Ullrich Wagner, Juliana Yordanova e Vasil Kolev, "Insights into Sleep's Role for Insight: Studies With the Number Reduction Task". *Advances in Cognitive Psychology*, v. 9, n. 4, p. 160, 2013.

18. A técnica foi explicada no canal The Pinkcast: "Pinkcast 3.07. This Is One Smart, Simple Thing You Should Do before Bedtime". Disponível em: <https://www.danpink.com/pinkcast/>. Acesso em: 28 set. 2019.

19. A expressão original em inglês é: "*The best way is always to stop when you are going good and when you know what will happen next. If you do that every day when you are writing a novel you will never be stuck*", em Ernest Hemingway, *By-Line Ernest Hemingway: Selected Articles and Dispatches of Four Decades* (Nova York: Simon and Schuster, 2002), pp. 216-7.

20. O estudo da Universidade de Tóquio sobre o método Hemingway está em Yoshinori Oyama, Emmanuel Manalo e Yoshihide Nakatani, "The Hemingway Effect: How Failing to Finish a Task Can Have a Positive Effect on Motivation". *Thinking Skills and Creativity*, v. 30, pp. 7-18, 2018. Também aparece no livro de Daniel Pink, *Quando: Os segredos científicos do timing perfeito*, (Rio de Janeiro: Objetiva, 2018) p. 11.

21. Brian Tracy, *Eat that Frog!: 21 Great Ways to Stop Procrastinating and Get More Done in Less Time*. Oakland: Berrett-Koehler, 2017.

6. CONFIGURE SEUS HÁBITOS [pp. 130-51]

1. Erling E. Boe, Henry May e Robert F. Boruch, "Student Task Persistence in the Third International Mathematics and Science Study: A Major Source of Achievement Differences at the National, Classroom, and Student Levels", 2002. Disponível em: <https://repository.upenn.edu/gse_pubs/412/>. Acesso em: 15 out. 2022.

2. Walter Mischel, *O teste do marshmallow: Por que a força de vontade é a chave do sucesso*. Rio de Janeiro: Objetiva, 2016.

3. Philip Zimbardo e John Philip Boyd, *O paradoxo do tempo: Você vive preso ao passado, viciado no presente ou refém do futuro?*. Rio de Janeiro: Objetiva, 2009.

4. Roy F. Baumeister et al., "Ego Depletion: Is the Active Self a Limited Resource?". *Journal of Personality and Social Psychology*, v. 74, n. 5, p. 1252, 1998. Roy Baumeister tem também um livro de divulgação científica de suas teorias, *Willpower: Rediscovering the Greatest Human Strenght* (Nova York: Penguin, 2012).

5. O TED Talk de Andrew Johnston sobre a maratona é "What Is the Best Business Education? Run a Marathon", 2015. Disponível em: <https://www.youtube.com/watch?v=oW91ATcgXVc>. Acesso em: 25 ago. 2019.

6. A. M. Graybiel e K. S. Smith, "How the Brain Makes and Breaks Habits". *Scientific American*, v. 310, n. 6, pp. 39-43, 2014.

7. Charles Duhigg, *O poder do hábito: Por que fazemos o que fazemos na vida e nos negócios*. Rio de Janeiro: Objetiva, 2012.

8. A "regra dos dois minutos", de B. J. Fogg, foi explicada por James Clear no livro *Atomic Habits: An Easy & Proven Way to Build Good Habits & Break Bad Ones* (Nova York: Penguin, 2018), p. 21. De qualquer modo, há várias palestras do próprio Fogg disponíveis no YouTube. Recomendo: B. J. Fogg, "Forget Big Change, Start with a Tiny Habit", 2012. Disponível em: <https://www.youtube.com/watch?v=AdKUJxjn-R8>. Acesso em: 28 set. 2019.

9. O método Seinfeld é citado em vários livros sobre formação de hábitos. James Clear, Charles Duhig, Daniel Pink, entre outros, tratam dessa técnica em seus respectivos livros.

10. John A. Bargh, Mark Chen e Lara Burrows, "Automaticity of Social Behavior: Direct Effects of Trait Construct and Stereotype Activation on Action". *Journal of Personality and Social Psychology*, v. 71, n. 2, p. 230, 1996.

11. Daniel Coyle e A. Guedes, *O código do talento*. Lisboa: Dom Quixote, 2009.

12. Os estudos canadenses envolvendo *priming* foram quase todos conduzidos por Gary Latham. Ver Amanda Shantz e Gary Latham, "The Effect of Primed Goals on Employee Performance: Implications for Human Resource Management". *Human Resource Management*, v. 50, n. 2, pp. 289-99, 2011; Xiao Chen e Gary Latham, "The Effect of Priming Larning Vs. Performance Goals on a Complex Task". *Organizational Behavior and Human Decision Processes*, v. 125, n. 2, pp. 88-97, 2014; Edwin A. Locke e Gary Latham (Orgs.). *New Developments in Goal Setting and Task Performance*. Londres: Routhledge, 2013.

13. Amy Cuddy, "A nossa linguagem corporal modela quem somos". TED Talk, 2012. Disponível em: <https://www.ted.com/talks/amy_cuddy_your_body_language_may_shape_who_you_are?language=pt>. Acesso em: 28 set. 2019; Id., *Presence: Bringing Your Boldest Self to Your Biggest Challenges*. Londres: Hachette 2015.

14. James Clear, *Atomic Habits: An Easy & Proven Way to Build Good Habits & Break Bad Ones*. Nova York: Penguin, 2018.

15. Ibid.

16. Joshua Goodman et al., "Heat and Learning". *NBER Working Paper*, n. w24639, 2018; Olli Seppänen, William J Fisk e Q. H. Lei, "Effect of Temperature on Task Performance in Office Environment". Departamento de Energia dos Estados Unidos, 2006.

17. Gilles Vandewalle, Pierre Maquet e Derk-Jan Dijk, "Light as a Modulator of Cognitive Brain Function". *Trends in Cognitive Sciences*, v. 13, n. 10, pp. 429-38, 2009.

18. B. Chae e R. Zhu, "Why a Messy Workspace Undermines Your Persistence". *Harvard Business Review*, jan. 2015.

7. CONFIGURE SEUS TREINOS [pp. 152-71]

1. C. Diemand-Yauman, D. M. Oppenheimer e E. B. Vaughan, "Fortune Favors the Bold (and the Italicized): Effects of Disfluency on Educational Outcomes". Universidade Princeton, Departamento de Pscicologia, 2011. Disponível em: <https://escholarship.org/uc/item/4wd1s7hj>. Acesso em: 15 out. 2022.

2. Steven Kotler, *The Rise of Superman: Decoding the Science of Ultimate Human Performance*. Boston: Houghton Mifflin Harcourt, 2014.

3. Sobre as curvas de dificuldade em jogos de video game, ver Barbaros Bostan e Sertaç Öğüt, "Game Challenges and Difficulty Levels: Lessons Learned From RPGS". International Simulation and Gaming Association Conference, 2009.

4. Ming-Zher Poh, Nicholas C. Swenson e Rosalind W. Picard, "A Wearable Sensor for Unobtrusive, Long-TermAssessment of Electrodermal Activity". *IEEE Transactions On Biomedical Engineering*, v. 57, n. 5, pp. 1243-52, 2010. Vi esse estudo pela primeira vez em um texto do professor Eric Mazur, no qual ele defendia métodos ativos de aprendizagem em sala de aula.

5. Henry L. Roediger III e Jeffrey D. Karpicke, "Test-Enhanced Learning: Taking Memory Tests Improves Long-Term Retention". *Psychological Science*, v. 17, n. 3, pp. 249-55, 2006.

6. Duncan R. Godden e Alan D. Baddeley, "Context Dependent Memory in Two Natural Environments: On Land and Underwater". *British Journal of Psychology*, v. 66, n. 3, pp. 325-31, 1975.

7. Steven M. Smith, Arthur Glenberg e Robert A. Bjork, "Environmental Context and Human Memory". *Memory & Cognition*, v. 6, n. 4, pp. 342-53, 1978.

8. O vídeo em que Patrick Wolff participa do experimento das peças de xadrez é: Daniel Simons, "Memory for Chess Positions (Featuring Grandmaster Patrick Wolff)", 2012. Disponível em: <https://www.youtube.com/watch?v=rWuJqCwfjjc>. Acesso em 28 set. 2019.

9. Herbert Simon e William Chase, "Perception in Chess". *Cognitive Psychology*, v. 4, n. 1, pp. 55-81, 1973. Ver também Wilson da Silva, *Xadrez para todos: A ginástica da mente* (Curitiba: Editora UFPR, 2015).

10. A melhor fonte para conhecer a técnica do palácio da memória é Joshua Foer, *A arte e a ciência de memorizar tudo* (Rio de Janeiro: Nova Fronteira, 2011). Ver também o documentário *Memory Games*. Direção: Claus Wehlisch e Janet Tobias. Estados Unidos; Alemanha; Suécia: Sierra Tango Productions, 2018.

11. Os dados para escrever o tópico sobre *curva do esquecimento* foram extraídos de Benedict Carey, *Como aprendemos: A surpreendente verdade sobre quando, como e por que o aprendizado acontece* (Rio de Janeiro: Elsevier, 2014).

1ª EDIÇÃO [2022] 1 reimpressão

ESTA OBRA FOI COMPOSTA PELA ABREU'S SYSTEM EM INES LIGHT
E IMPRESSA EM OFSETE PELA LIS GRÁFICA SOBRE PAPEL PÓLEN SOFT
DA SUZANO S.A. PARA A EDITORA SCHWARCZ EM FEVEREIRO DE 2023

A marca FSC® é a garantia de que a madeira utilizada na fabricação do papel deste livro provém de florestas que foram gerenciadas de maneira ambientalmente correta, socialmente justa e economicamente viável, além de outras fontes de origem controlada.